우리는
자료 조사에
진심

바운드 지음
모테기 히데아키 감수
심지애 옮김

봄나무

시작하며

지식을 활용하여 문제를 해결하는 능력이 더욱 요구되는 AI 시대

우리 모두는 '알고 싶은' 욕구가 있습니다. 무엇을 알고 싶은지는 사람마다 다르지만, 중요한 것은 알고자 하는 호기심을 꺾지 않고 그것을 알아보는 것입니다. 이 책에서 그 방법을 소개하고자 합니다.

요즘 학교의 교육 환경을 보면 기존의 지식 주입형 암기 방식에서 탐구형 교육으로 점차 바뀌고 있습니다. 지금은 인터넷 검색이나 ChatGPT(대화형 AI 서비스)를 통해 수많은 정보를 손쉽게 얻을 수 있습니다. 앞으로 펼쳐질 글로벌 정보화 사회와 AI(인공지능) 사회에서는 지식을 얻는 행위 자체보다 지식을 활용한 문제 해결 탐구 기술을 터득하는 것이 더욱더 중요해질 것입니다.

'학문이란 의문을 가지고 진리를 탐구하는 행위'라는 말이 있습니다. 기본적인 지식을 익힌 뒤 이해가 안 되는 점이나, 사물의 본질을 문제의식을 갖고 나름대로 조사하고 탐구하는 것이 바로 학문이라는 뜻입니다.

예를 들어 ChatGPT에 '선화공주의 정체는?' 또는 '미국 케네디 대통령을 암살한 범인은?' 등을 질문하면, '선화공주의 정체는 역사적으로 정확하게 알려진 바가 없습니다.', '케네디 대통령의 암살범에 대한 몇 가지 설이 있습니다' 처럼 답할 뿐 정답은 알 수 없습니다. 문장이나 이미지를 생성하는 생성형 AI는 이미 알려진 정보를 정리해 내보내거나 새로운 콘텐츠를 생성하는 일에는 뛰어나지만, 아직 확실한 답이 없는 많은 의문은 결국 인간이 탐구해야 할 과제이며 어느 설이 정답에 가까운지도 스스로 판단해야 합니다. AI에 전적으로 의존하는 것이 아니라 AI를 잘 활용할 수 있는 지적 능력을 키워 비판적이고 논리적인 사고와 합리적인 판단력으로 올바른 정보를 가려내고 탐구하는 힘을 길러야 합니다. 그러기 위해 자료를 찾아보는 의의와 방법을 배워 실천하자는 것이 이 책의 취지입니다.

제가 대학생이었을 때는 컴퓨터와 인터넷이 보급되기 전이라서 무언가를 알아보려면 도서관이나 서점, 또는 회사나 관공서에 직접 가서 자료를 수집할 수밖에 없었습니다. 그렇게 모은 자료를 읽고 이해한 뒤 해결책을 생각해 보고 친구들과 의견을 나누며 정책을 마련했고, 다른 학교 학생과도 환경, 복지, 농업, 무역, 군사 문제 등 다양한 주제를 놓고 토론했습니다.

이제는 누구나 컴퓨터와 스마트폰을 사용할 수 있는 시대이기에 조사가 굉장히 편해졌지만 반대로 자료가 너무 많아서 진짜 정보를 가려내기 어려워진 면도 있습니다. 그렇지만 문제 해결의 관점에서 보면 쉬운 자료(입문서 등)에서 점점 어려운 자료(전문서)를 조사해 읽는다는 점, 먼저 문제 영역 전체를 파악해 문제점, 원인, 해결책, 장점까지 논리를 세워 답이 나올 때까지 데이터를 찾아 정리한다는 점은 다르지 않습니다.

정답을 빠르고 정확하게 맞추는 것이 중요한 시험공부도 시험이 사라지지 않는 한 필요합니다. 그러나 시험을 위한 공부를 뛰어넘을 때 진정한 배움(학문)에 다가갈 수 있습니다. 내가 알고 싶은 사실을 스스로 깨우치거나 정답이 없는 문제를 두고 가장 적절한 답을 도출해내는 것, 또는 수수께끼의 진상을 파헤치며 자신과 다른 사람이 수긍할 수 있는 답을 얻는 것이 진정한 배움입니다. 여러분이 이 책을 읽고 호기심을 품어 스스로 찾아보는 사람이 되기를 응원합니다.

쓰루문과대학 문학부 국제교육학과 교수
모테기 히데아키

차례

- **시작하며** ································· 2

제 1 장

이럴 때 나는 어떻게 하지?

1. 공부하다 모르는 게 나왔을 때 그냥 생각해 본다? 찾아본다? ······ 10
2. 생각만 한다고 문제가 해결될까? ································· 12
3. 의견이 둘로 나뉠 때는 어떻게 하면 좋을까? ······················· 14
4. 잘 모를 때 다른 사람에게 물어본다? 안 물어본다? ················ 16
5. 친구가 물어볼 때 기분이 어때? ··································· 18
6. 사진에 찍혔다고 모두 '사실'일까? ································ 20
7. 누구를 더 믿을 수 있을까? ······································· 22

COLUMN
- 굉장한 도서관 ① 국립어린이청소년도서관 ························· 24

제 2 장

편리한 인터넷! 무조건 믿는 건 위험해

1. 어느 매체를 믿으면 될까? ·· 26
2. '인터넷'과 그 외 매체의 차이점을 알자 ···························· 28

3	우수한 성적의 비결은 바로 신문!	30
4	가짜 뉴스에는 크게 세 종류가 있어!	32
5	'필터 버블'의 함정을 알자	34
6	딥페이크도 조심해야 해!	36
7	요즘 화제 'ChatGPT' 써 봤어?	38
8	ChatGPT 말고 다른 '대화형 AI'도 사용해 보자!	40
9	인터넷은 만능이 아냐! 사용법을 확인해 보자!	42

COLUMN
● 굉장한 도서관 ② 한국만화도서관 ················· 44

제 3 장

조사할 때의 원동력은 바로 '궁금증'

1	곰곰이 생각해보면 '왜지?' 싶을 때 있지 않아?	46
2	'어딘가 이상해', '어라?' 이상하게 느낀 직감을 소중히 여기자!	48
3	단어가 왜 다른지 더 민감하게 생각해 보자!	50
4	다양한 분야에 관심을 두고 '궁금증'을 키우자	52
5	'이해가 안 돼', '몰라'를 방치하지 말자!	54
6	관련 정보를 찾아보면 더 재밌어져!	56
7	찾아보니 내 생각이 틀렸다면 인정하자!	58

COLUMN
● 굉장한 도서관 ③ 나카지마기념도서관 ················· 60

차례

제 4 장

조사할 때 요령을 배워 보자

1	'나중에 찾아보자'가 아니라 바로 조사하기!	62
2	자료가 만들어진 시기를 염두에 두고 조사하는 습관을 기르자	64
3	'1차 정보', '2차 정보', '3차 정보' 구별하기	66
4	여러 정보 제공원을 통해 '진위 확인'을 하는 습관을 들이자	68
5	정보 속에 가려진 제공자의 의도를 생각해 보자!	70
6	들은 이야기만 가지고 판단하지 않기!	72
7	검색이 잘 안될 때는 이런 필살기를 사용하자!	74
8	'다른 사람에게 물어보기'도 조사하는 방법 중 한 가지!	76
9	'정보'는 정보를 나누는 사람에게 모인다	78
10	인터넷보다 책으로 찾는 게 더 빠를 때도 있다	80
11	한국어로 검색이 잘 안되면 영어로 검색해 보자	82

COLUMN
- 굉장한 도서관 ④ 별마당 도서관 ········ 84

제 5 장

조사가 끝났다면 잘 정리해서 전달하기

1	조사 후 행동도 중요해!	86
2	조사한 내용을 다른 사람에게 설명하자!	88
3	조사한 내용을 실제로 체험해 보자!	90
4	조사한 내용을 다른 사람에게 가르쳐 주자!	92
5	'서론', '본론', '결론'으로 나눠 발표하기	94
6	'숫자'를 사용하여 설득력을 높이자	96
7	'근거'와 '증거'가 없으면 설득력이 떨어진다	98

COLUMN
- 굉장한 도서관 ⑤ 티안진빈하이 도서관 ······ 100

제 6 장

비효율적이라고 생각한 것이 효율적일 수도 있어!

1	귀찮아도 찾아보는 게 빨라!	102
2	암기력을 떨어지게 하는 '구글 효과'	104
3	사전이나 신문을 보면 지식이 늘까?	106
4	어른들이 책을 읽으라는 데는 다 이유가 있다	108

차례

5 인터넷이 아무리 편해도 기존 매체도 소중히 여기자! ········· 110
6 효율성 중시가 오히려 효율을 떨어뜨린다? ················· 112

COLUMN
- 굉장한 도서관 ⑥ 바스콘셀로스 도서관 ··················· 114

제 7 장

조사를 잘하면 공부할 때, 일할 때 강력한 무기가 돼!

1 조사하는 건 중요하지만 꽤 힘들어! ····················· 116
2 최종적으로 '내' 생각이 중요할 때도 있어! ··············· 118
3 조사만 한다고 끝이 아니야! 행동해야 해! ··············· 120
4 조사하는 능력은 나중에 반드시 도움이 될 거야! ········· 122

- 유용한 사이트 ①② ································· 124
- 참고 자료 ·· 126
- 찾아보기 ·· 127

제 1 장

이럴 때

나는

어떻게 하지?

공부하다 모르는 게 나왔을 때 그냥 생각해 본다? 찾아본다?

★ 열심히 생각한다고 모르는 문제의 정답이 떠오르지는 않아

공부하다 보면 지금까지 몰랐던 새로운 내용이 계속해서 나오지요? "너무 어려워!" 싶은 생각도 들고 "선생님! 알기 쉽게 설명해 주세요" 하며 괜히 선생님께 투정을 부릴 때도 있을 거예요. 이럴 때 여러분은 '어떻게든 꼭 이해될 거야'라고 생각하나요? 퍼뜩 뭔가 떠올라 이해되면 좋겠다고 생각하는 사람도 있고, 쉽게 포기해버리는 사람도 있을 거예요.

우리 모두 마음속으로는 이 문제의 답을 꼭 알고 싶답니다. 하지만 모르는 문제가 있을 때 그저 고민만 한다고, 답을 알려달라고 기도만 한다고 문제가 해결될까요? 이해되지 않거나 모르는 문제를 풀려고 열심히 고민만 했을 때 이해가 잘 되던가요? 10분만 찾아보면 바로 해결될 텐데 찾아보기 귀찮다는 이유로 이해를 못 하는 건 아닐까요?

조금만 찾아보면 금방 알 수 있는 문제들인데 귀찮다고 찾아보지 않으면 영영 이해하지 못할 거예요.

'모르면 찾아보기'와 '모르면 포기하기' 중에 결국 진짜 귀찮은 건 어느 쪽일까요?

생각해보자

- 아무리 생각해도 답을 모르겠는데 '분명히 답이 있을 거야'라고 생각한 적 없나요?
- 찾아보면 알 수 있는 문제인데 찾아보지 않은 적 없나요?

생각만 한다고 문제가 해결될까?

★ 생각해도 이해가 안될 때는 어쩌면 좋을까?

원의 면적을 구하려고 하는데 공식을 모를 때 여러분은 어떻게 하나요? '열심히 고민하면 면적 구하는 방법을 알 수 있을 거야!'라고 생각하는 사람은 거의 없을 거예요. 우리는 대부분 조금 생각하다가 '도저히 모르겠어!'라고 금방 포기한 뒤 인터넷으로 검색하거나, 교과서나 참고서를 뒤적이거나, 도서관에 가서 책을 찾아보거나 선생님께 물어볼 거예요.

그러면 여름방학 숙제인 자유 연구의 주제를 무엇으로 하면 좋을지 떠오르지 않을 때는 어떨까요? "조금만 더 생각하다 보면 분명히 좋은 아이디어가 떠오를 거야!" 하며 무작정 계속 생각하나요? 아무리 생각해도 떠오르지 않는데도 혼자 계속 생각하는 게 맞을까요? '자유 연구' 주제니까 '원의 면적 구하는 방법'보다는 스스로 답을 찾을 가능성이 높을 수도 있겠네요.

자유 연구 주제가 잘 떠오르지 않을 때 여러분은 어떻게 하나요? 혼자서는 좋은 아이디어가 떠오르지 않을 것 같은데도 억지로 혼자 찾으려고 하진 않나요? 아니면 혼자서는 한계가 있다고 인정하고 이것저것 찾아보거나 다른 사람에게 도움을 청하나요?

제 1 장 이럴 때 나는 어떻게 하지?

생각만으로 모든 문제가 해결될까요?

머리로 이해되지 않는 문제를
계속 생각하면 힘들지 않나요?

생각해보자

- 아무리 생각해도 답이 안 나오는 문제를 계속 생각한 적 없나요?
- 도저히 모르겠을 때는 어떻게 하나요?

3

의견이 둘로 나뉠 때는 어떻게 하면 좋을까?

★ 결정을 못 하겠거나 의아할 땐 어떻게 해?

수업 시간에 환경문제를 두고 토론하다가 자동차 배기가스 이야기가 나왔다고 가정해 볼게요. 배기가스에는 지구온난화의 원인이 되고 있는 온실가스 중 하나인 이산화탄소(CO_2)가 대량으로 포함되어 있어요.

이때 선생님이 "여러분 집에서는 환경에 큰 부담을 주지 않는 하이브리드 자동차(HV)나 전기 자동차(EV)를 쓰고 있나요?" 하고 질문했어요.

A가 "저희 집 차는 친환경 하이브리드 자동차예요"라고 대답하자, 이에 질세라 B도 "저희는 배기가스가 배출되지 않는 전기 자동차예요! 하이브리드는 이제 한물갔어!"라고 의기양양하게 말하며 A의 기분을 상하게 합니다. 그러자 A는 "전기 자동차는 달릴 때 배기가스가 안 나온다 쳐도 석탄이나 석유를 태우는 화력발전으로 만든 전기를 사용하니까 간접적으로는 이산화탄소를 배출하고 있는 셈이야. 그리고 자동차 전지를 만들 때 이산화탄소가 대량으로 배출되니까 하이브리드 자동차가 오히려 환경에 부담을 덜 준다고 들었어!"라며 반박했어요.

'누구 말이 사실이지?', '어른이 돼서 내 차를 살 때 환경을 생각한다면 둘 중 어느 쪽을 골라야 할까?' 이렇게 고민만 한다고 결론이 나지는 않는답니다. 이럴 때 계속 머리로만 생각하면 답이 떠오를까요? 잘 모르겠다며 대충 어느 한쪽을 선택하나요? 아니면 다른 방법이 있을까요?

- 어느 쪽 의견이 맞는지 잘 모르겠을 때 대충 선택한 적 없나요?
- '진짜일까?'라고 의구심이 들 때는 어떻게 하나요?

잘 모를 때 다른 사람에게 물어본다? 안 물어본다?

★ 모르는 문제를 혼자 힘으로 해결할 수 있을까?

어느 시골 마을에 처음 방문했다고 가정해 볼게요. 주변은 온통 밭이고 가게 같은 곳은 전혀 찾아볼 수 없어요.

'목도 마르고 화장실에도 가고 싶은데… 스마트폰 배터리도 나갔네? 어쩌면 좋지?'

반대편 멀리 떨어진 곳에서 동네 어르신이 밭일하시는 모습이 보이네요. 그 어르신에게 가게가 어디에 있는지 물어보면 알려주실 텐데 거리가 꽤 멉니다.

'꽤 머네. 귀찮아서 저기까지 못 가겠어.'

'한창 일하시는데 여쭤보기도 죄송하고, 귀찮아 하실지도 몰라….'

'모르는 사람에게 말 거는 게 쉬운 일이 아니야.'

이렇게 머릿속으로 이런저런 생각을 하겠지요. 그런데 지금 있는 곳은 처음 방문해서 모르는 동네잖아요? 아무리 생각해도 가게가 있는 곳을 알 길이 없어요. 그렇다고 멀리 건너편 밭에서 일하시는 어르신이 계신 곳까지 가기에는 시간이 꽤 걸릴 듯합니다.

이럴 때 여러분은 대충 두리번거리며 가게를 찾나요? 아니면 다른 사람에게 가게가 어디 있는지 물어보나요?

제 1 장 모를 때 나는 어떻게 하지?

물어봐서 알 수 있는 문제라면 묻는 게 빠르지 않을까요?

물어보는 게 빠른데 못 물어보고
머뭇거린 적 있나요?

생 각 해 보 자

- 아무리 생각해도 모르겠거나 찾아봐도 모를 때는 어떻게 하나요?
- 모르는 문제가 있을 때 다른 사람에게 물어볼 수 있나요?

친구가 물어볼 때 기분이 어때?

★ 다른 사람에게 망설이지 말고 물어보자!

곤란한 일이 생겼을 때 '친구한테 물어보고 싶은데 귀찮아하면 어쩌지?'라며 걱정하거나, '이런 거 물어보면 민폐일지도 몰라'라고 생각할 때가 있을지도 몰라요. 하지만 그렇게 너무 과하게 상대방을 신경 쓸 필요는 없답니다.

만약 친구가 여러분에게 '수학 잘하지? 이거 모르겠는데 가르쳐 줄래?'라고 부탁한다면 '귀찮아!', '싫어. 안 가르쳐 줄래!'처럼 모진 말을 하는 사람은 없을 거예요. 오히려 물어봐 준 게 고마워서 친절히 알려줄 거예요. 친구가 무언가를 가르쳐달라고 정중히 부탁할 때 여러분은 싫던가요?

친구가 여러분에게 무언가를 물어봤을 때 싫지 않다면 친구도 똑같은 마음일 거예요. 귀찮기는커녕 가르쳐주고 싶은 마음으로 가득할 것이랍니다.

다른 사람에게 설명을 듣고 바로 이해할 수 있었던 경험이 있지요? 다른 사람에게 물어보는 건 굉장히 중요한 일이랍니다. 여러분은 모르는 문제가 있을 때 다른 사람에게 물어볼 수 있나요?

다른 사람이 물어보면 귀찮나요?

친구가 질문했을 때
귀찮았던 적 있나요?

생각해 보자

- 다른 사람에게 망설이지 않고 물어볼 수 있나요?
- 다른 사람이 정중히 물어보는데 거절할 수 있을까요?
  내가 거절하지 않는데 다른 사람은 거절할까요?

6

사진에 찍혔다고 모두 '사실'일까?

★ 진짜를 가려내기가 어려워졌어!

사진 보정 앱을 이용하면 실제 풍경보다 더 근사하게, 실제 얼굴보다 더 귀엽고 멋지게 만들 수 있어요. SNS에 올라온 사진과 실제 모습이 똑같지만은 않다는 점, 여러분도 잘 알 거예요.

오른쪽 사진을 봐볼까요? 네 장의 사진 중에는 AI가 만든 페이크(가짜) 사진이 있답니다. 언뜻 보면 모두 진짜 사진처럼 보일 정도로 정교하게 조작되어 있어요.

AI 기술이 발전할수록 페이크 기술을 이용한 합성 이미지나 영상물을 가려내기가 점점 어려워지고 있답니다. 그렇기에 진짜와 가짜를 구별해내는 능력이 필요해요.

오른쪽 사진 중에서 뭐가 진짜고 뭐가 가짜인지 맞혀 볼까요?

이 단어는 알아야 해!

페이크(Fake)

'가짜, 모조품, 속임수'를 뜻하는 영어 단어예요. 최근 AI나 보정 앱 등으로 만든 조작 이미지와 영상물이 늘어나면서 '페이크 이미지', '페이크 영상'으로 불려요.

제 1 장 이럴 때 나는 어떻게 하지?

사진에 찍혔다고 다 진짜는 아니랍니다

어떤 사진이 페이크일까요?

▶일본 규슈 동물원을 탈출한 사자

▶큰 홍수가 난 일본 나고야 시의 모습

▶멕시코에서 발견된 파란 딸기

▶2023년 베이징에서 발생한 폭동 현장

정답: 사진 모두 페이크

🤔 생각해 보자

- 페이크와 진짜를 가려내기 위해 사진을 자세히 들여다보는 것 말고 다른 방법을 시도해 봤다 vs. 시도하지 않았다
- 페이크를 가려내려면 어떻게 하면 좋을까요?

누구를 더
믿을 수 있을까?

★ 모르는데 아는 척하면 오히려 신뢰도가 떨어진다?!

학교에서 '지구온난화'에 관하여 발표하는 시간이라고 가정해 볼게요. A는 조사한 정보를 가지고 지구온난화가 이산화탄소, 메탄, 프레온가스와 같은 온실효과 가스가 증가하면서 일어나는 현상이라는 점, 지구온난화가 자연환경에 미치는 악영향을 이상기후, 가뭄, 홍수, 잦은 무더위 등 구체적인 예를 들어가며 발표했어요. 한편 아무것도 조사하지 못한 B는 온난화 때문에 10년 후면 여름 기온이 60도가 되고, 아프리카에 사는 동물들이 멸종할 거라며 대충 머릿속에 떠오른 의견을 발표했어요.

그러자 C가 "B가 말한 게 사실이야?"라고 물었어요. B는 그 질문에 답하지 못하고 결국 조사를 제대로 못 했다고 털어놓았어요.

둘 중 누구의 말을 믿을 수 있는지, 누구를 더 신뢰할 수 있는지 질문을 받는다면 분명 모두 'A'라고 답하지 않을까요? 제대로 알아보지도 않고 대충 발표한 B의 의견뿐 아니라, B라는 친구 자체도 믿음이 가지 않을 거예요.

B는 그냥 귀찮아서 조사를 안 했거나 발표 전날까지 아파서 미처 못 찾아봤을 수도 있어요. 그렇다면 미리 조사하지 못한 B는 어떻게 발표하면 좋았을까요?

신뢰받지 못하는 사람보다 신뢰받는 사람이 낫지 않을까요?

지구온난화에 관하여

제대로 조사한 사람과 그렇지 않은 사람, 누가 더 믿을 만한가요?

제 1 장 이럴 때 나는 어떻게 하지?

생각해 보자

- 미리 안 찾아봤는데 찾아본 척한 적 없나요?
- 모르는 걸 들키기 싫어서 아는 척한 적 없나요?

COLUMN

굉장한 도서관 ① 국립어린이청소년도서관

'국립어린이청소년도서관'은 2006년 6월 서울 강남구 테헤란로7길 21에 개관했어요. 6개 층(지상 4층, 지하 2층)으로 이루어져 있으며, 국내외에서 발행된 어린이청소년 분야 도서 77만여 권을 보유한 국내 최대 규모의 어린이청소년도서관이랍니다. 1층에는 저학년 자료를 비치한 어린이자료실과 다양한 창작 프로그램이 운영되는 꿈창작실(가족공작실)이 있고, 2층에는 청소년의 창의적인 역량 개발을 돕기 위한 희망창작실이 있으며, 3층에는 국내외 아동문학 연구자료가 보관된 연구자료실을 운영하고 있답니다. 4층에는 세미나실, 강당, 독서토론실, 증강현실그림책방 등이 있습니다. 또한 4차 산업혁명시대 창의·융합 인재 양성을 위한 '미꿈소(미래꿈희망창작소)'를 개관하여 디지털 신기술이 접목된 다양한 도서관형 창작 프로그램을 운영하고 있습니다. 누구나 무료로 이용할 수 있으며, 운영시간은 오전 9시~오후 6시로 매주 둘째, 넷째 월요일과 일요일을 제외한 관공서 공휴일(어린이날 정상운영), 설 연휴 및 추석 연휴 기간 중 일요일은 쉬는 날이랍니다.

국립어린이청소년도서관 전경

ⓒ Pectus Solentis at Korean Wikipedia

제 2 장

편리한 인터넷!

무조건 믿는 건

위험해

어떤 매체를 믿으면 될까?

★ 정보 제공원이 궁금해!

여러분은 정보를 얻을 때 주로 어떤 매체를 이용하나요? TV, 신문, 책, 잡지처럼 인터넷을 제외한 매체인가요? 아니면 포털 사이트나 유튜브, 틱톡 같은 인터넷 매체인가요?

우리가 주로 어떤 매체를 통해 정보를 얻는지 알아볼게요. 오른쪽 그래프를 보면 우리는 신문이나 TV는 신뢰하는 편인 것에 비해 SNS나 블로그 같은 인터넷상의 정보는 잘 믿지 못한다는 사실을 알 수 있어요. 다만 100퍼센트 정확한 정보를 제공하는 매체는 한 군데도 없답니다. 신문 내용이 틀릴 때도 있고 SNS에 올라와 있는 정보가 맞기도 해요. 어떤 매체든지 무작정 믿지 말고 조금이라도 의심이 들 때는 여러 매체를 둘러보면서 어느 정보가 맞는지 스스로 가려내는 힘을 기르는 것이 중요하답니다.

> **이 단어는 알아야 해!**
>
> **포털 사이트(Portal Site)**
> 다양한 콘텐츠의 입구 역할을 하는 웹사이트. 인터넷으로 홈페이지를 볼 때 '모니터에 가장 먼저 뜨는 웹사이트'를 뜻해요. '네이버', '구글' 등이 대표적인 포털 사이트랍니다.

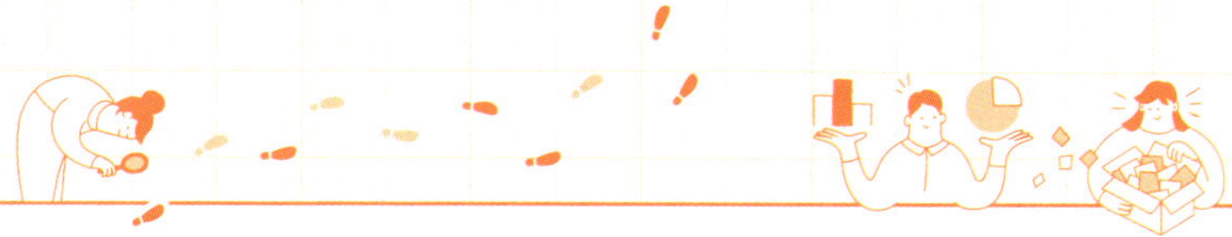

각 매체 신뢰도 체크!

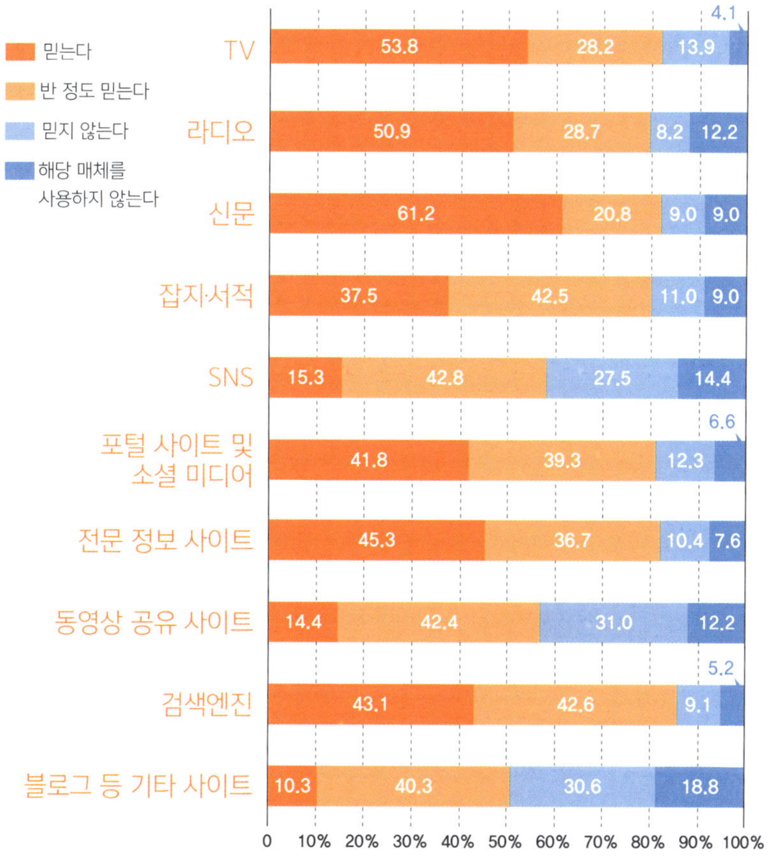

매체	믿는다	반 정도 믿는다	믿지 않는다	해당 매체를 사용하지 않는다
TV	53.8	28.2	13.9	4.1
라디오	50.9	28.7	8.2	12.2
신문	61.2	20.8	9.0	9.0
잡지·서적	37.5	42.5	11.0	9.0
SNS	15.3	42.8	27.5	14.4
포털 사이트 및 소셜 미디어	41.8	39.3	12.3	6.6
전문 정보 사이트	45.3	36.7	10.4	7.6
동영상 공유 사이트	14.4	42.4	31.0	12.2
검색엔진	43.1	42.6	9.1	5.2
블로그 등 기타 사이트	10.3	40.3	30.6	18.8

조사 대상: 1,000명(20대, 30대, 40대, 50대, 60대 이상 남녀 100명씩)

제2장 편리한 인터넷! 무조건 믿는 건 위험해

- 정보 제공원으로 가장 많이 이용하는 매체는 무엇인가요?
- 어느 매체가 가장 믿을 만한가요?

출처: 일본 총무성(2021) '위드 코로나 시대의 디지털 활용 실태와 이용자 의식 변화에 관한 조사 연구' 발췌 후 편집부 작성

'인터넷'과 그 외 매체의 차이점을 알자

★ '풀' 방식과 '푸시' 방식의 차이

정보 수집 매체에 따라 정보를 취하는 방식이 다르다는 사실, 생각해 본 적 있나요?

예를 들어 인터넷에서는 내가 보고 싶은 정보만 선택해서 볼 수 있지요. 그러나 신문이나 TV, 라디오는 그럴 수 없답니다. 인터넷은 관심 있는 정보를 스스로 찾아보는 '풀(pull, 끌어오기)' 방식 매체예요. 반면 신문이나 TV, 라디오는 내 관심과 상관없이 정보를 제공해 주는 '푸시(push, 밀어붙이기)' 방식 매체랍니다. 이 둘은 크게 달라요.

'내가 보고 싶은 정보만 볼 수 있는' 점은 인터넷의 장점이지요. 내 관심 분야의 정보를 많이 얻을 수 있으니까요. 하지만 관심 있는 정보만 클릭하다 보면 관심은 없어도 꼭 알아야 하는 정보를 놓칠 수 있어요. 이 점은 풀 방식 매체의 단점이랍니다.

한편 신문을 읽거나 TV를 보다 보면 관심 없는 내용도 눈에 들어오곤 하지요. 푸시 방식 매체는 이처럼 취향과 상관없이 정보를 전달하기 때문에 몰랐던 정보를 접할 기회가 늘면서 관심 범위가 넓어진다는 장점이 있어요.

각각의 특성을 제대로 알고 그때그때 적절하게 이용해서 정보를 얻는 것이 중요하답니다.

'풀' 방식과 '푸시' 방식 매체의 차이

풀 방식
- 인터넷(검색엔진) • SNS
- YOUTUBE • 잡지 등

특징: 사용자 스스로 정보 선택

장점
- 내가 원하는 정보를 필요할 때 선택할 수 있다.
- 내가 편한 시간에 찾아볼 수 있다.
- 알고 싶은 정보를 자세히 알 수 있다.

단점
- 정보량이 많아 찾는 데 시간과 노력이 필요하다.
- 스스로 필요한 정보만 찾다 보니 중요한 정보를 놓칠 수 있다.
- 관심 밖 정보라는 이유로 알아야 할 정보를 놓칠 수 있다.

푸시 방식
- TV • 신문 • 잡지
- 라디오 등

특징: 정보 제공자가 선택한 정보를 전달

장점
- 관심 없어도 다양한 분야의 정보를 알 수 있다.
- 전문가가 중요하다고 판단한 신뢰도 높은 정보를 얻을 수 있다.
- 어려운 정보라도 이해하기 쉬운 형태로 정보를 얻을 수 있다.

단점
- 관심 없는 정보도 수용해야 한다.
- 인터넷에 비해 신문이나 TV의 정보 발신이 느리다.
- 해당 매체가 제공하지 않는 정보는 알 수 없다.

> 어느 하나의 매체만 이용하는 건 아니지요?
> 각각 장단점이 있으니 차이점을 잘 생각해 보아요.

제 2 장 — 편리한 인터넷! 무조건 믿는 건 위험해

생각해 보자

- 우리가 인터넷을 볼 때 관심 분야만 검색하고 클릭하는 거 알아요?
- 관심 분야가 아닌 건 몰라도 괜찮은 걸까요?

3

우수한 성적의 비결은 바로 신문!

★ 신문 보는 6학년, 시험 점수 높아

일본 문부과학성이 실시한 '2022년도 일본 전국 학력 학습 상황 조사'에 따르면 '거의 매일 신문을 본다'라고 응답한 사람은 전체에서 4.9퍼센트에 불과했으며, '거의 또는 전혀 안 본다'가 72.7퍼센트를 차지했어요. 그런데 신문 보는 어린이가 시험을 잘 친다는 사실 알고 있었나요? 오른쪽 조사 결과를 보면, '거의 매일 신문을 보는' 초등학교 6학년의 전국학력평가 평균 정답률이 높다는 사실을 알 수 있습니다.

신문을 읽으면 독해력과 문해력이 좋아져요. 모르는 단어를 사전에서 찾다 보면 어휘력도 좋아지고요. 정치나 경제 기사를 읽으면 국제 정세나 사회 문제까지 배울 수 있답니다. 사회 과목을 이해하는 데 큰 도움이 될 거예요.

일단 어린이용 신문을 읽어보면 어떨까요? 이해가 안 가는 부분은 부모님이나 선생님께 물어보거나 스스로 찾아보면서 말이지요. 신문 내용을 최대한 이해하려고 노력하면서 내 생각을 정리해 보는 것도 중요해요. 신문 보는 것이 습관이 되면 성적뿐 아니라 지식의 양이 늘어나고, 독해력과 사고력 향상에도 도움이 된답니다. 나도 모르는 사이에 자료 조사 능력도 확 좋아질 거예요.

신문 보는 초등학생이 시험 성적도 좋아요

● 초등학교 6학년생의 '신문 보는 습관'과 전국학력평가 평균 정답률의 관계

국어
- 거의 또는 전혀 안 본다: 63.9
- 월 1~3회 정도 본다: 67.9
- 주 1~3회 정도 본다: 73.2
- 거의 매일 본다: 75.4

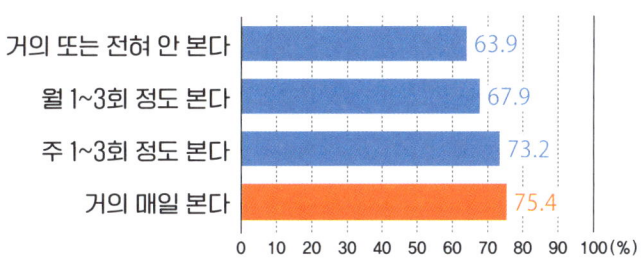

수학
- 거의 또는 전혀 안 본다: 61.5
- 월 1~3회 정도 본다: 65.2
- 주 1~3회 정도 본다: 70.6
- 거의 매일 본다: 73.3

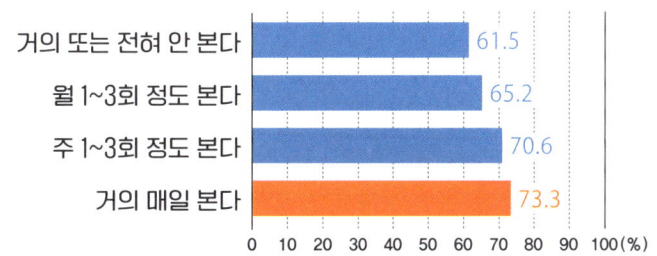

과학
- 거의 또는 전혀 안 본다: 61.6
- 월 1~3회 정도 본다: 65.4
- 주 1~3회 정도 본다: 70.5
- 거의 매일 본다: 72.1

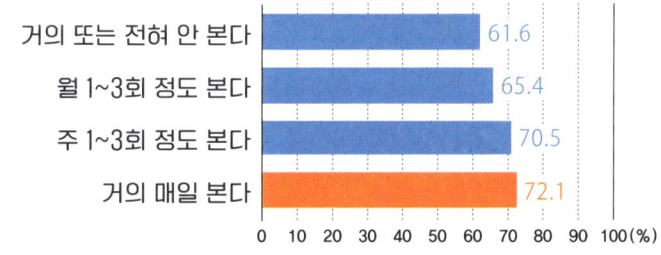

생각해보자

- 신문을 본다 vs. 전혀 안 본다
- 신문 보는 어린이의 성적이 좋은 건 우연이다 vs. 우연이 아니다

출처: 일본 문부과학성 '2022년도 일본 전국 학력 학습 상황 조사'

4

가짜 뉴스에는 크게 세 종류가 있어!

★ 자료 조사할 때는 '가짜'에 주의!

이 세상에는 진실이 아닌 거짓말이나 오해를 부르는 정보를 포함한 가짜 뉴스가 흘러넘쳐요. 가짜 뉴스는 성질에 따라 크게 세 종류로 나눌 수 있어요.

'미스 인포메이션(misinformation)'은 오해나 잘못된 정보를 말해요. 예를 들어 트위터에서 거짓 정보를 그대로 믿고 리트윗하면 잘못된 정보가 널리 퍼지는 데 가담한 셈이 된답니다. 악의는 없지만 많은 사람이 오해하고 잘못 행동하도록 만들 수 있어요.

'디스 인포메이션(disinformation)'은 의도적으로 흘린 '허위 정보'를 말해요. 예를 들어 특정 인물의 평판을 떨어뜨리려고 거짓 기사를 작성해 SNS에 퍼뜨리는 것을 말해요.

'멀 인포메이션(mal-information)'은 정보 자체는 틀리지 않지만 대상(사람이나 국가, 민족 등)을 공격하려고 하는 정보예요. 예를 들어 부모님 중 한 분이 어느 외국인에게 "당신은 한국인이 아니야!" 하며 공격하려는 의도를 가지고 발언하는 것을 말해요.

모두 가짜 뉴스에서 사용되는 수법이에요. 우리 일상에도 이런 가짜 정보가 많은데 인터넷상에는 특히 많지요. 따라서 무언가를 조사할 때는 이런 가짜 정보에 속지 않도록 주의해야 해요.

가짜 뉴스의 세 종류와 차이점

틀린 정보지만 악의는 없어!

미스 인포메이션
(잘못된 정보)

착각 또는 오해로 널리 퍼진 틀린 정보

예)
- '코로나 바이러스 때문에 화장지가 품절될 것이다'와 같은 잘못된 정보
- '깊게 숨을 들이마시고 그대로 10초 동안 숨이 참아지면 코로나 바이러스에 걸린 게 아니다'와 같은 엉터리 정보

맞는 정보지만 악의가 있어!

멀 인포메이션
(유해 정보)

잘못된 정보는 아니지만 공격하거나 오해하도록 만들 의도가 있는 정보

예)
- 유튜버가 연예인을 공격하려고 비밀을 불특정 다수에게 폭로
- 선거 출마자가 '동성애자'를 대상으로 내뱉은 차별적인 발언

고의적이야!

디스 인포메이션
(허위 정보)

의도적으로 만들어진 거짓 정보

예)
- A 나라와 전쟁 중인 B 나라가 국제사회에서 A 나라의 평판을 떨어뜨리려고 'A 나라는 인권침해 국가'라며 거짓 정보를 퍼뜨리는 것

(악영향을 미치는 건 모두 똑같아! 자료 조사할 때 속지 않도록 주의해야 해!)

제 2 장 편리한 인터넷! 무조건 믿는 건 위험해

- 가짜뉴스를 접한 적 있나요? 어떤 내용이었나요? 그 뉴스를 퍼뜨린 사람의 의도를 생각해 보아요!

'필터 버블'의 함정을 알자

★ 인터넷은 보고 싶은 정보만 표시되는 걸까?!

예를 들어 『SPY x FAMILY』라는 만화를 좋아해서 자주 검색했더니 『SPY x FAMILY』 관련 정보가 많이 뜬 경험 있지 않나요? 인터넷에는 우리가 검색한 기록을 통해 우리 취향에 맞춰 정보가 표시되는 '콘텐츠 기반 필터링'이라는 기능이 있어요. 편리한 기능이지만 마냥 좋은 것만은 아니랍니다.

예를 들어 여러분이 BTS 팬이라면 BTS에 관한 부정적인 의견은 보고 싶지 않겠지요. 'BTS 멋져'처럼 좋은 내용만 검색하다 보면 정보가 거기에 맞춰지면서 BTS에 관한 부정적인 내용은 거의 뜨지 않게 된답니다. 그 결과 부정적인 내용을 접하면 말도 안 되는 정보라며 존재 자체를 부정하거나, 나아가 내 생각과 다른 의견은 무조건 부정하게 될지도 몰라요.

이처럼 '인터넷상에서 거품(버블)에 뒤덮인 것처럼 내가 보고 싶은 정보만 보이는 현상'을 '필터 버블(Filter Bubble)'이라고 부른답니다. 지나치면 시야가 좁아지면서 여러분의 생각이나 견해에 영향을 미칠 수 있으니 반대 의견이나 인터넷이 아닌 다른 매체의 정보도 잘 살펴보도록 하세요.

'필터 버블 현상'이 뭔지 알아?

[필터 버블 현상]

[뜻] 필터링(이용자가 보고 싶지 않은 정보를 검색 사이트가 차단하는 기능) 때문에 버블(거품)에 뒤덮인 것처럼 내가 보고 싶은 정보만 보이는 현상.

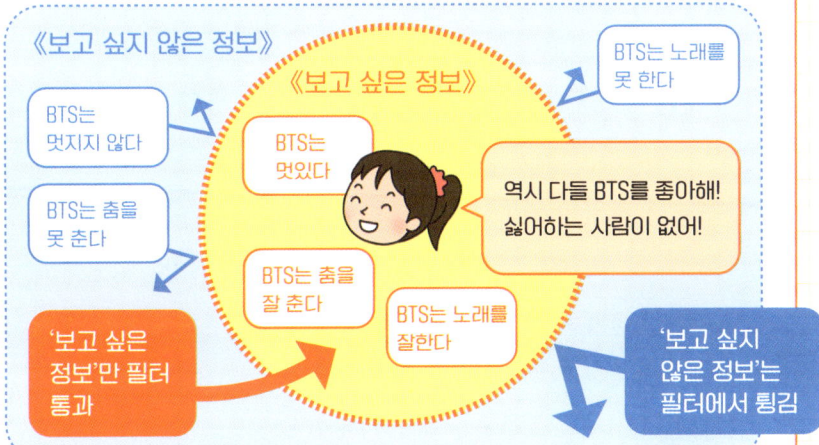

검색해서 다 아는 것 같지만 실은 검색 결과에 뜨지 않아서 모르는 정보가 있을지도 몰라요!

 생각해보자

- 다른 사람의 스마트폰 검색 결과와 내 스마트폰 검색 결과를 비교해 보아요!
- 무언가를 검색할 때 의식적으로 반대 의견도 함께 찾아보고 있나요?

6

딥페이크도
조심해야 해!

★ 동영상도 100% 믿을 수 없어

첨단 디지털 기술을 사용해 동영상이나 음성 등을 가공하여 실제로는 존재하지 않는데 존재하는 것처럼 보이게 하는 '딥페이크 영상'이 요즘 문제가 되고 있어요.

2022년 3월, 우크라이나의 젤렌스키 대통령이 국민을 대상으로 러시아에 항복하자고 말하는 딥페이크 영상이 화제가 되었답니다. 실제로는 항복하자고 말한 적이 없는데 누군가가 딥페이크를 악용해 거짓 정보를 퍼뜨린 것이었지요.

오른쪽 페이지에 이때 사용된 딥페이크 영상을 캡처한 이미지가 실려 있어요. 진짜 모습과 비교하면 역시 약간 다르지만 딥페이크 영상 속 젤렌스키 대통령은 입을 움직이며 진짜와 거의 같은 목소리로 말한답니다. 본인이라고 믿어도 이상하지 않을 정도로 잘 만들어져서 이제 동영상도 100% 믿을 수 없다는 사실을 알 수 있어요.

앞으로 기술이 계속 발전하면 딥페이크를 가려내기가 더 어려워지기 때문에, '가짜를 찾아내는 능력'이 더욱 필요해질 거예요. 그러려면 '좀 의심스러운데?'라며 알아챌 수 있는 폭넓은 지식과, 의구심이 들었을 때 바로 '진실'을 찾아보는 행동력이 중요해요.

어느 쪽이 진짜이고 어느 쪽이 가짜일까?

딥페이크

진짜

제 2 장 편리한 인터넷! 무조건 믿는 건 위험해

난 금방 딥페이크를 찾아냈어. 매일 TV로 젤렌스키 대통령을 보거든!

TV를 안 봐서 젤렌스키 대통령 얼굴을 몰랐어. 그래서 진짜를 못 찾아냈어.

지식이 있으면 영상 속 모습뿐 아니라 말하는 내용에서도 이상함을 느낄 수 있어요. 지식이 없으면 속을 가능성이 높아진다는 말이랍니다.

생각해보자

- 인터넷에서 딥페이크 영상을 찾아서 진짜와 다른 점을 찾아보아요!
- 지식이 없어도 딥페이크를 가려낼 수 있을까요?

요즘 화제 'ChatGPT' 써 봤어?

★ 세상을 바꿀 존재로 기대받는 AI 채팅

여러분은 요즘 화제인 'ChatGPT'를 써 봤나요?

ChatGPT는 다양한 주제에 관한 질문에 답을 해 주거나 이런저런 것들을 가르쳐 주는 대화형 AI예요. 예를 들어 일본 2인조 보컬 유닛 'YOASOBI에 대해 알려줘!'라고 치면 YOASOBI에 관한 정보를 이것저것 알려주어요. 또 '친구와 사이좋게 지내려면 어떻게 해야 해?'라고 치면 조언도 해 준답니다.

뭐든지 답해 주는 ChatGPT지만 전문가나 연구자 등과 정확도나 이해력이 같은 수준인 것은 아니에요. 매일 진화하고는 있지만 오른쪽 페이지처럼 엉뚱한 대답을 내놓기도 한답니다. AI가 엄청나다고 해서 무조건 믿지 말고 믿을 수 있는 정보 제공원과 함께 사용하도록 해요.

이 단어는 알아야 해!

대화형 AI

사용자가 입력한 질문에 인간처럼 자연스러운 대화 형태로 AI가 답해 주는 채팅 서비스예요. 미국의 OpenAI라는 회사가 개발한 'ChatGPT'가 2022년 11월에 공개되자 미래를 바꿀 기술이라며 주목을 모았답니다.

ChatGPT에 'YOASOBI'에 관해 물어보았어요!

《실제 ChatGPT 화면》
(2023년 5월 12일 조사)

YOASOBI에 관해 알려주세요.

YOASOBI(요아소비)는 일본의 음악 유닛으로 iruka(작사·작곡)와 Ayase(보컬) 2인조로 구성되어 있습니다. 2019년에 데뷔한 이들은 독자적인 음악 스타일과 심오한 가사로 주목받았습니다.

YOASOBI의 음악은 일렉트로닉 팝, J-POP, 락 등의 요소를 도입한 독특한 사운드입니다. 그들의 곡은 종종 멜로우와 환상적인 분위기를 가지고 있으며 감정적인 스토리텔링이 특징입니다. 또한 Ayase의 독특한 목소리도 그들의 음악에 개성을 부여합니다.

그들의 데뷔 싱글 '밤에 달리는'는 대히트했고, 스트리밍 서비스와 음악 차트에서 높은 평가를 받았습니다. 그 외 대표곡으로 「하르지온」, 「아마」, 「군정」 등이 있습니다. YOASOBI의 음악은 젊은이들 중심으로 폭넓은 세대로부터 지지받고 있습니다.

YOASOBI 보컬 iruka 맞지? 그런데 Ayase가 보컬로 되어 있어!

정말! iruka랑 Ayase 역할이 반대로 되어 있네! 또 잘못된 정보가 있을지도 몰라.

YOASOBI에 관해 알려주세요.

나중에 찾아봤더니 수정되었더라고. ChatGPT는 매일 발전하나 봐.

YOASOBI(요아소비)는 일본의 음악 유닛으로 iruka(작사·작곡)와 Ayase(보컬) 2인조로 구성되어 있습니다. 2019년에 데뷔한 이들은 독자적인 음악 스타일과 심오한 가사로 주목받았습니다.

만약에 'iruka가 보컬'이라는 사실을 몰랐다면 위 정보를 그대로 믿었겠지요. 이처럼 지식이 없으면 내용이 틀려도 모른답니다. ChatGPT는 매일매일 발전하고 있지만 그렇다고 무조건 믿으면 안 돼요!

생각해보자

- ChatGPT를 사용한 적 있나요?
- AI의 대답이 옳은 건지 그렇지 않은지 알아야 하지 않을까요?

ChatGPT 말고 다른 '대화형 AI'도 사용해 보자!

★ 마이크로소프트와 구글에도 대화형 AI가 있어!

대화형 AI는 38페이지에서 알아본 ChatGPT 말고도 더 있어요.

예를 들어 마이크로소프트는 검색엔진 'Bing'에 대화형 AI 기능을 넣어 'Microsoft Copilot'라 이름붙였고, 2023년 5월에는 구글이 'Gemini'라는 대화형 AI 서비스 한국어 버전을 출시했어요.

서로 다른 특징이 있으니 각각 사용하며 나에게 맞는 것을 찾거나 질문 내용에 따라 나눠 쓰는 것도 좋은 방법일 듯해요.

ChatGPT, Microsoft Copilot, Gemini 모두 매일매일 발전하고 있답니다. 앞으로는 정확도가 더 높아지고 활용해서 할 수 있는 일들이 늘어나 일상이 더 편리해질 거예요. 어쩌면 이들보다 훨씬 뛰어난 또 다른 무언가가 등장할지도 모르지요. ChatGPT만 믿고 최신 정보를 찾거나 모으는 일을 게을리하면 편리한 최신 서비스나 기능을 모른 채 이미 한물간 불편한 기능을 계속 쓰게 될지도 몰라요. 대화형 AI뿐 아니라 다양한 분야에서 새로운 것에 관심을 두고 찾아보지 않으면 시대를 따라가지 못해 손해를 볼 수도 있답니다.

대화형 AI에는 ChatGPT 말고 또 어떤 것들이 있을까요?

Microsoft Copilot
https://copilot.microsoft.com/

AI가 답할 때의 대화 스타일을 '창의성', '균형', '엄밀함' 중에서 선택할 수 있어요. 또 AI가 응답할 때 '참고한 웹사이트'가 '상세 정보'로 표시되어 편리하답니다. 이 서비스를 이용하려면 '마이크로소프트 계정'이 필요해요. 무료로 이용할 수 있어요.

Gemini(Google AI)
https://gemini.google.com/

ChatGPT나 Microsoft Copilot보다 답변 속도가 빨라요. '다른 답변 표시하기'를 누르면 처음에 뜬 답변과 다른 답변이 뜨는 게 특징이에요. 대화형 AI는 꼭 올바른 답변만 하진 않아요. 하지만 지식이 있는 사람이라면 '다른 답변 표시하기'를 통해 정답에 가까운 답변을 선택할 수 있지요. 이 서비스를 이용하려면 '구글 계정'이 필요해요. 무료로 이용할 수 있어요.

> 여러 대화형 AI를 이것저것 사용해 보아요. 반드시 올바른 답변만 하는 건 아니라는 점에 주의하도록 해요.

 생각해 보자

- 어느 대화형 AI가 사용하기 좋았나요?
- 새로운 정보에 관심을 두고 찾아봐야 나에게 더 도움이 되지 않을까요?

9

인터넷은 만능이 아냐! 사용법을 확인해 보자!

★ 인터넷에 너무 의존하면 위험해!

인터넷상에는 정확한 정보도 많지만 틀리거나 거짓된 정보도 많다는 사실을 같이 살펴봤어요. 여러분도 앞으로 다양한 것들을 조사할 때 그 내용이 '진짜인지', '사실인지'를 스스로 식별할 수 있어야 한답니다. 그렇지 않으면 우리 생명에 영향을 받는 일이 생길 수도 있어요. 예를 들어 병에 걸렸을 때 인터넷에서 찾은 거짓 정보를 믿었다가 위험한 상황에 빠질 수도 있어요. 인터넷으로 뭐든 다 해결할 수 있다면 의사 같은 전문가는 필요 없어질 거예요.

인터넷을 사용하면 개인 정보가 유출되어 사기나 부정 접속 같은 피해를 당하기도 한답니다. 인터넷에서 만난 뒤 여러 번 연락하면서 믿게 된 사람도 실제로 만나면 생각과 다를 수도 있어요. 특히 요즘은 범죄에 휘말리는 어린이들이 늘어나고 있어 더욱 조심해야 해요.

언제든지 순식간에 많은 정보를 손에 넣을 수 있는 편리한 인터넷. 잘 사용하면 좋지만 만능은 아니랍니다. 인터넷에 너무 의존하면 의심스러운 정보를 그대로 믿다가 사기를 당하거나 사건에 휘말릴 위험도 있어요. 오른쪽 페이지에서 인터넷의 올바른 사용법을 확인해 보아요.

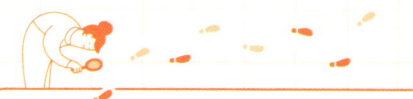

인터넷을 올바르게 사용하고 있는지 확인해 보아요

 O 또는 X로 답하기. 정답률 100%에 도전!

❶ 인터넷은 전 세계 모든 사람이 사용하고 있다. O X

❷ 인터넷상에 내 이름과 주소를 공개해도 괜찮다. O X

❸ 인터넷에 올린 이름이나 사진은 쉽게 삭제할 수 없다. O X

❹ 게임 앱에서 알게 된 사람의 프로필이 '20세, 여대생'이었다. 사진으로 본 인상도 좋았으니 뭐든지 이야기해도 괜찮다. O X

❺ 다른 사람에게 보이고 싶지 않은 사진이지만 친구라면 보내도 괜찮다. O X

❻ 인터넷상에서는 여자만 표적이 된다. O X

❼ 게임 앱에서 함께 협력했던 사람은 잘 모르더라도 착한 것 같으면 실제로 만나도 괜찮다. O X

❽ 인터넷상의 정보는 모두 정확하다. O X

정답

❶ O / 인터넷은 전 세계 모든 사람과 연결되어 있지만 나쁜 사람도 있다는 점을 명심해요.

❷ O / 생각 없이 개인 정보를 올리면 악용될 수 있으니 주의해서 올려야 해요.

❸ O / 인터넷에 이름이나 사진을 올렸다가 퍼지면 완벽하게 없애기가 힘들어요.

❹ X / 거짓 프로필을 작성하는 사람도 많아요. 쉽게 믿으면 안 돼요!

❺ X / 인터넷상에서 퍼지면 큰일 나는 사진은 아무리 믿을 수 있는 사람이라도 보내지 않아요!

❻ X / 여자분 아니라 남자를 노리는 나쁜 사람도 있어요. 실제 피해 사례도 있답니다!

❼ X / 인터넷에서 알게 된 사람과 실제로 만나지 않도록 해요! 친절함이 함정일 수 있어요.

❽ X / 인터넷에는 틀린 정보도 많아요! 정확한 정보인지 확인하는 습관을 길러 보아요.

 생각해보자

- 인터넷으로 알아볼 때 어떤 점을 주의하는지 친구나 가족과 이야기해 보아요!
- 어린이가 연루된 인터넷 사건을 조사해 보아요!

출처: 일본 경시청 자료 '인터넷 사건부'를 참고하여 편집부 작성

COLUMN

굉장한 도서관 ② 한국만화도서관

'한국만화도서관'은 2000년 2월 부천만화정보센터 만화정보관으로 시작하여, 2009년 경기도 부천의 한국만화영상진흥원 내에 건립된 국내 최대 규모의 만화 전문도서관입니다. 국내외 만화 단행본을 비롯하여 비도서, 이론서 등 관련 자료를 집대성하고 있습니다.

우리나라를 대표하는 만화 전문도서관으로 만화 자료를 보존하여 후세에 전승하는 아카이브 역할, 이용자들이 필요로 하는 실질적인 자료와 정보를 제공하는 전문도서관의 역할, 이용자들이 만화를 접하고 느낄 수 있는 편안한 문화 공간으로서의 역할을 수행하고 있습니다.

더불어 일반열람실뿐만 아니라 어린이를 위한 아동열람실과 애니메이션 감상이 가능한 영상열람실을 보유하여 다양한 만화 문화의 서비스 제공 기회를 확대함은 물론 이용자의 열람 편의성을 더욱 높였습니다.

한국만화도서관은 매주 월요일, 1월 1일, 설·추석 당일 및 그 전날을 제외하고 매일 오전 10시부터 오후 6시까지 무료로 이용할 수 있습니다.

한국만화도서관 일반열람실

ⓒ 한국만화영상진흥원

제 3 장

조사할 때의 원동력은 바로 '궁금증' →

곰곰이 생각해 보면 '왜지?' 싶을 때 있지 않아?

★ 호기심이 없으면 궁금하지 않아!

'왜 새는 전선에 앉아도 감전되지 않을까?'

'동짓날에 왜 팥죽을 먹지?'

'아기는 어떻게 말할 수 있게 되는 걸까?'

새들은 평온한 표정으로 전선 위에 앉아 있고, 동짓날에는 팥죽을 먹으며, 아기는 어느새인가 말을 할 수 있게 되는 등… 평소에 딱히 신경 쓰지 않지만 곰곰이 생각해 보면 '왜 그럴까?' 싶은 일이 있지 않나요? 이렇게 세상에는 생각해 보니 '왜 그럴까?' 싶은 일이 널려 있답니다.

독일 출신의 유명 물리학자 알베르트 아인슈타인(1879~1955)은 "계속 의구심을 가져야 한다. 신성한 호기심을 잃어서는 안 된다"라고 주장했어요. 호기심이 없으면 관심이나 흥미가 생기지 않지요. 관심이나 흥미가 없으면 '왜 그럴까?'라는 궁금증도 생기지 않는답니다. 궁금하지 않으면 자연스레 '조사'할 생각도 들지 않아요.

여러분도 '좋아하는 아이돌을 인터넷으로 열심히 찾아봤어!', '하늘이 왜 파란색인지 궁금해서 인터넷으로 검색했어'와 같이 스스로 무언가를 조사한 경험이 있을 거예요. 조사 능력을 키우려면 다양한 분야에 호기심을 갖고 '왜지?', '어째서?'라고 느끼는 '궁금증'을 소중히 여기는 것이 중요하답니다.

곰곰이 생각해 보니 '왜지?' 싶을 때 있지 않나요?

Q 왜 구름은 하늘에만 있고 땅 가까운 곳에는 없는 걸까?

Q 왜 생일에는 케이크를 먹을까? 촛불을 끄는 이유는 무엇일까?

Q 바닷물은 왜 짤까? 그 염분은 어디에서 오는 걸까?

Q 사람은 물속에서 숨을 쉴 수 없는데 물고기는 어떻게 숨을 쉴 수 있는 걸까?

Q 왜 달은 모양이 바뀌는 걸까? 보름달이 되었다가 초승달이 되었다가.

Q 왜 아이들은 설날에 세뱃돈을 받는 걸까?

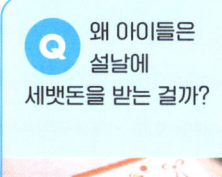

너무 당연한 일이라 생각해 본 적 없지만 듣고 보니 '왜 그럴까?' 싶은 일이 많네.

'왜지?'라고 궁금해지니 바로 알아보고 싶어졌어!

궁금해야 '알아보고 싶은' 마음이 생기지요. 조사 능력을 키우려면 먼저 의문을 품어야 해요.

생각해 보자

- 곰곰이 생각해 보니 신기한 일을 우리 주변에서 찾아보아요!
- 어떤 때에 알아보고 싶다는 생각이 드나요?

'어딘가 이상해', '어라?' 이상하게 느낀 직감을 소중히 여기자!

★ 그렇게 느낀 데에는 이유가 있을 거야!

이유는 잘 모르겠지만 어딘가 수상하거나 좋지 않은 예감이 들었던 적 없나요? 예를 들어 수학 문제를 풀거나 한자를 쓸 때 왠지 틀린 듯한 느낌이 들 때처럼 말이지요. 그런데 왜 그런 생각이 들었는지 알아보지 않고 그냥 넘어가 버리는 사람이 적지 않답니다.

하지만 어딘가 이상하게 느낀 데에는 분명 그럴 만한 이유가 있을 거예요. 그럴 때는 그냥 넘어가지 말고 왜 그렇게 느꼈는지 내 나름대로 답을 찾는 노력을 해 보아요.

잘 생각해 보면 좋지 않은 예감이 들었을 때 그 직감이 적중한 적도 많았을 거예요. 이런 직감은 지금까지 살면서 쌓은 경험이나 공부해서 얻은 지식이 바탕이 될 수 있어요. 그러니 그냥 무시하지 말고 참고하는 것도 괜찮은 방법일 거예요.

그동안 비슷한 수학 문제를 풀어 와서, 아는 한자라서 어딘가 이상하게 느껴지는 것이랍니다. 직감은 바탕에 아무것도 없을 때는 생기지 않아요.

다만 직감이 반드시 옳은 것은 아니랍니다. 직감은 어딘가 이상한 느낌을 잡아내는 안테나로만 사용하고, 확실히 조사해서 맞는지 틀리는지 판단하도록 해요.

제 3 장 조사할 때의 엉뚱학은 바로 '궁금증'

이 한자를 보고 이상하다고 느꼈나요?

오른쪽 한자를 보고 이상하다고 느꼈다 vs. 안 느꼈다 →

틀린 부분을 찾아보아요!

髪 完璧 絶対絶命

어딘가 이상하다고 느낀 사람은 이 한자들을 본 적이 있는 사람일 거예요.

다 이상한 것 같은데 어디가 틀린지는 모르겠어.

이상하게 느꼈다면 이유가 있을 거예요. 그대로 넘어가지 말고 생각하고 조사해서 그 이유를 밝혀 보아요.

헉! 이상한 데가 있나요? 사실 처음 보는 한자예요.

한자를 모르면 이상하다는 느낌조차 들지 않을 거예요. 먼저 한자를 공부해 보아요.

정답: 髮, 完璧, 絶体絶命

생각해 보자

- 어딘가 불길한 예감이 들었을 때 왜 그런 생각이 들었는지 생각해 본 적 있나요?
- 내 직감을 믿는다 vs. 안 믿는다

3

단어가 왜 다른지
더 민감하게 생각해 보자!

★ 비슷한 단어의 차이점을 생각하는 습관을 기르자!

단어를 많이 알면 '비슷한데 어떤 차이가 있지?'라는 생각이 들 때가 있을 거예요. 예를 들어 '출산'과 '출생'은 언뜻 비슷해서 같이 써도 큰 문제가 없을 것 같지요. 하지만 글자가 다른 데에는 이유가 있답니다. '탐험'과 '모험'이 어떻게 다른지 질문을 받는다면 차이점을 바로 답할 수 있나요? 우리 주변을 곰곰이 살펴보면 비슷해 보이지만 미묘하게 뜻이 다른 단어가 많이 있답니다.

이렇게 글자가 다른 데에는 다 이유가 있습니다. 이때 왜 다른지 이유가 궁금하지 않나요? 궁금하다면 자연스레 이유를 알아보고 싶어질 거예요.

단어의 미묘한 차이를 느끼고도 그냥 넘어가진 않나요? 이런 미묘한 차이를 느꼈을 때 그냥 두지 말고 바로 알아보는 것이 중요하답니다. 처음에는 귀찮을지도 몰라요. 하지만 습관이 되면 찾아보는 게 귀찮다는 생각보다 모르고 넘어가는 게 찜찜하다는 생각이 더 커질 거예요.

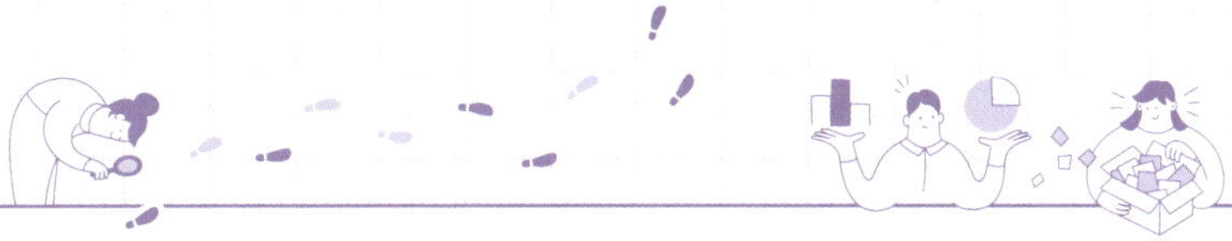

제 3 장 조사할 때의 연동작은 바로 '어그중'

비슷한 단어인데 어떻게 다른지 잘 모를 때는 찾아보아요!

출산	과	출생
탐험	과	모험
형태	와	형식
태도	와	자세
보살피다	와	키우다
뜨겁다	와	무겁다
시다	와	새콤하다
크다	와	자라다
바꾸다	와	달라지다
좋아하다	와	기뻐하다
미안하다	와	죄송하다
구부리다	와	숙이다

비슷해 보이지만 글자가 다르다면 뜻도 다를 거예요. 오른쪽 단어들이 각각 어떻게 다른지 아나요? 모른다면 바로 조사해 보아요!

 생각해 보자

- 글자가 다른 건 뜻이 다르기 때문이 아닐까요?
- 대충은 무슨 뜻인지 알 것 같지만 정확한 뜻은 모르는 단어가 있지 않나요?

   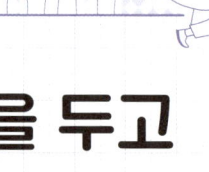

다양한 분야에 관심을 두고 '궁금증'을 키우자

★ 궁금해지면 찾아보고 싶어져!

무언가를 알고 싶고 찾아보고 싶은 마음은 저절로 생기지 않는답니다. 이런 마음은 어떻게 해야 생길까요?

먼저 '독서'를 해야 해요. 모르는 분야의 책을 읽으며 지식을 넓혀 가면 반드시 궁금한 마음이 생길 거예요.

'다른 사람의 이야기'를 듣는 것도 중요하답니다. 다른 사람의 이야기를 들으면서 나와 다른 의견이나 경험을 간접적으로나마 체험할 수 있고 몰랐던 사실을 알게 되기 때문이지요. 미지의 영역에 들어가면 궁금한 마음이 꼭 생길 거예요.

'새로운 도전'을 하는 것도 하나의 방법이랍니다. 예를 들어 축구에 처음 도전해 보면 '왜 내 마음대로 공이 안 차지지?', '어떻게 하면 골을 넣을 수 있을까?'와 같은 의문이 머릿속에 계속해서 떠오를 거예요.

궁금한 마음은 '조사'하는 원동력이 되어 준답니다. 문제나 과제에 맞닥뜨렸을 때 왜 이런 문제가 발생했는지 궁금하지 않으면 찾아볼 마음이 생기지 않아요. 문제를 해결해 나가는 과정에서도 '어떻게 하면 잘 해결할 수 있을까?'라고 생각하면 '무엇을 바꾸면 좋을까?'와 같이 또 다른 생각이 떠오를 거예요. 포기하지 말고 무언가를 해결하려고 하는 자세는 또 다른 궁금증을 키워요.

궁금증을 늘리기 위한 비결

상식을 의심해 보아요!

상식도 바뀌니 지금도 그 상식이 맞는지 의심해 보기!

예) ● 전문가의 말을 의심해 본다.
● 교칙을 '왜 지켜야 하는지' 생각해 본다.

책을 폭넓게 읽어요!

다양한 장르의 책 읽기. 책을 읽으면 궁금증이 생길 거예요!

예) ● 주인공이 왜 그렇게 행동했는지 생각해 본다. ● 역사책을 읽고 왜 전쟁이 일어났는지 생각해 본다.

다른 사람의 이야기를 들어 보아요!

몰랐던 사실이나 나와 다른 생각을 알게 되면 또 다른 궁금증이 생길 거예요!

예) ● 저 사람은 왜 저렇게 생각하지?
● 저 사람이 말한 '도플갱어 현상'은 뭘까?

새로운 도전을 해 보아요!

도전하고 잘되지 않았을 때 '어떻게 하면 좋을까?' 같은 의문이 들 거예요!

예) ● 어떻게 하면 잘 적응할 수 있을까?
● 어떻게 하면 메시처럼 드리블을 잘할 수 있을까?

실험이나 관찰을 해 보아요!

관찰이나 실험을 하면 신기한 일이 일어나서 궁금해질 거예요!

예) ● 왜 개미들은 줄지어 다니는 걸까?
● 콜라에 멘토스를 넣으면 왜 폭발하는 걸까?

해외여행을 떠나 보아요!

다른 나라의 문화나 관습을 배우면 우리나라의 상식이 이상하게 느껴질 수도 있어요!

예) ● 한국에서는 차가 오른쪽으로 다니는데 일본에서는 왜 왼쪽으로 다닐까? ● 한국에서는 젓가락으로 먹는데 왜 인도에서는 손으로 먹을까?

제 3 장 조사할 때의 원동력은 바로 '궁금증'

생각해 보자

- 궁금하지 않은데 찾아보고 싶을까요?
- 궁금한 것을 찾아보고 싶지 않나요?
- 다양한 것들을 궁금해 하는 것이 중요하다고 생각하지 않나요?

'이해가 안 돼', '몰라'를 방치하지 말자!

★ 모르는 사실을 '모르는 채' 내버려두지 않기!

예를 들어 초등학교 6학년인데 '포켓몬'이나 '이순신 장군'을 모른다면 친구들로부터 "상식인데 그것도 몰라?"라며 창피를 당할 수도 있어요.

앞으로 살아가면서 이해되지 않거나 모르는 것이 많이 등장할 거예요. 그런데 이해가 안 되거나 모르는 건 사실 창피한 일이 아니랍니다. 조사만 하면 이해할 수 있고 아는 사실이 될 거니까요. 정말 창피한 건 찾아보지도 않고 이해한 척하거나 아는 척하면서 '모르는 채로' 내버려두는 태도예요. 어른이 되면 점점 알아야 하는 게 늘어나는데 찾아보지 않고 그대로 두면 다른 사람은 모두 아는 상식을 모르는 창피한 어른이 될 수 있어요.

아는 척하는 사람을 보면 어이없다는 생각이 들지 않던가요? 만약 여러분도 모르는데 아는 척한다면 다른 사람도 똑같이 생각할 거예요. 그렇게 되지 않기 위해서라도 '모르는 건 조사하는 습관'을 만들어 보아요. 꾸준히 계속하다 보면 나중에 아주 큰 차이가 생길 거랍니다.

모르는 채로 내버려두면…

> 모르는 점

황순원은 어떤 일을 한 사람일까?

바로 찾아보는 A	전혀 찾아보지 않는 B
모르는 채 내버려두면 찜찜하니까 찾아보자!	누구야? 하나도 안 궁금해. 그냥 게임이나 해야지.

10분 후

소나기를 쓴 소설가인데 2000년 9월에 돌아가셨네.	이 게임 너무 재밌다, 어떡해. 클리어하자!

10년 후

시험에 나온 황순원 문제를 바로 맞힐 수 있었어!	황순원도 모른다고 친구에게 무시당했어. 속상해!
모르는 건 관심을 두고 찾아봐요. 다 도움이 된답니다. 찾아볼수록 많은 사실을 알게 되고 흥미를 느낄 거예요.	찾아보는 습관이 몸에 배어 있지 않으면 알아야 할 사실을 모른 채 어른이 되어 창피한 일을 당할 수 있어요.

- 이해가 안 가거나 모르는 건 바로 찾아보나요?
- "그것도 몰라?"라는 말을 들어 본 적 있나요? 그때 어떤 생각이 들었나요?

관련 정보를 찾아보면 더 재밌어져!

★ 조사하다 보면 더 알고 싶은 게 계속 나오지 않아?

딸기를 먹었는데 너무 맛있어서 품종이 뭔지 보니 '두리향'이라는 품종이었어요. 검색하니 '충남 농업기술원에서 개발한 품종'으로 '일반 딸기보다 더 단단하고 달콤하다'라는 사실을 바로 알 수 있었어요.

여기서 검색을 멈춰도 괜찮지만 '충남 농업기술원의 누가 개발한 걸까?', '어떤 품종이 더 있을까?', '당도는 어떻게 측정할까?' 등등 새로운 궁금증이나 흥미가 생기지 않나요?

예를 들어 당도를 조사하면 '당도는 과즙 100그램당 당분이 몇 그램 들어가 있는지를 나타내는 것', '당도계로 쉽게 측정 가능' 등의 사실을 알 수 있어요. 그러면 '당도가 가장 높은 품종은 무엇일까?'라고 또 다른 궁금증이 생길 거예요. 모르는 사실을 계속 조사하다 보면 '딸기'에서 '당도계'처럼, 전혀 예상하지 못했던 방향으로 궁금한 마음이 넓어지면서 탐구의 폭을 넓혀 갈 수 있어요. 이렇게 계속해서 새로운 지식을 얻다 보면 여러분을 두근거리게 할 미지의 영역을 만나게 될지도 몰라요. 관심이 있는 것부터 조사해 보면 어떨까요?

계속 조사하다 보면 의외의 사실을 알게 된다!

이 딸기 너무 맛있다! 품종이 뭐지?

어떤 품종이지?

충남 농업기술원에서 개발한 '두리향'이라는 품종으로 당도는 11~15도래.

당도가 뭐지? 어떻게 재는 걸까?

다른 품종이랑 당도가 얼마나 다를까?

당도가 높을수록 달다는 말이네. 당도계를 사용하면 쉽게 잴 수 있나 봐.

일반 딸기의 2배 크기인 '킹스베리'라는 품종은 당도가 무려 13~15도라고 해. 꼭 한번 먹어 보고 싶어!

계속 생겨나는 궁금증과 관심을 덮어 두지 말고 조사해 보아요!

저는 딸기를 먹고 맛있다고 느끼고 그걸로 끝이지만 관심을 두고 더 조사하면 시야가 넓어지는 것 같아요!

뭔가를 조사하면 또 다른 의문이 생길 거예요. 호기심을 갖고 더 깊게 탐구하면 훨씬 재있답니다.

 생각해 보자

- 관심 가는 것을 조사하다 보니 더 알고 싶은 마음이 생긴 적 없나요?
- 조사하다가 새로운 것을 발견하면 즐겁지 않나요?

7

찾아보니 내 생각이 틀렸다면 인정하자!

★ 보고 싶지 않은 정보는 일부러 안 보는 것 아냐?

'한국인은 친절한 편이다'라고 생각하던 어느 날 '실제로 그럴까?'라는 생각이 들었다고 가정해 볼게요. 인터넷으로 검색하다가 어떤 순위를 발견했어요. 오른쪽 페이지에 있는 자료는 영국의 한 자선 단체가 119개국을 조사해 발표한 '세계기부지수(2022년)'예요.

  이 자료를 보면 한국은 '다른 사람을 잘 돕는다' 항목에서 하위권인 96위를 기록해 '한국인은 친절하다'라는 가정과 정반대의 결과가 나왔어요. 이럴 때 여러분은 '말도 안 돼!'라고 생각하지 않나요? 인간은 내 생각이 옳다고 생각하는 경향이 있어서 내 생각과 다른 결과를 보면 나에게 이득이 되지 않는 정보는 무시하고 싶어진답니다.

  '아마도 이럴 거야'라고 가정하면서 조사하는 건 문제가 아니에요. 하지만 '이랬으면 좋겠다'라는 생각이 너무 강한 나머지 내 생각을 뒤집는 결과가 나오면 인정하려고 하지 않는 것이 문제랍니다. 만약 내 가정이 틀렸다면 있는 그대로 인정하고 왜 틀렸는지 더 탐구하면 이해하는 데 도움이 될 거예요.

'세계기부지수(2022년)'을 살펴보아요!

	종합	점수	사람돕기	점수	기부	점수	자원봉사	점수
인도네시아	1위	68%	76위	58%	1위	84%	1위	63%
케냐	2위	61%	7위	77%	20위	55%	2위	52%
미국	3위	59%	4위	80%	9위	61%	7위	37%
호주	4위	55%	34위	69%	6위	64%	20위	33%
뉴질랜드	5위	54%	46위	66%	10위	61%	14위	34%
캐나다	8위	51%	50위	65%	13위	59%	33위	29%
영국	17위	47%	97위	52%	5위	65%	55위	24%
중국	49위	42%	49위	65%	51위	35%	35위	28%
독일	55위	41%	91위	54%	28위	48%	72위	20%
한국	88위	35%	96위	53%	45위	36%	89위	16%
일본	118위	20%	118위	24%	103위	18%	83위	17%

점수는 최근 1개월 동안 '모르는 사람을 도왔는가?', '돈을 기부했는가?', '자원봉사를 했는가?'의 질문에 '그렇다'라고 응답한 사람의 비율로 계산된다.

 말도 안 되는 결과라고 생각하겠지만 너도 다른 사람을 돕거나 기부한 적 없잖아.

 그건 그렇지만 …

 믿기 어렵다면 다른 자료를 찾아보는 것도 좋은 방법이에요. 하지만 있는 그대로 인정하는 것도 중요합니다.

- 조사한 결과가 내 예상과 달랐을 때 그럴 리가 없다고 생각한 적 없나요?
- 조사한 결과가 예상과 다를 때는 어떻게 하면 좋을까요?

출처: Charities Aid Foundation 「CAF World Giving Index 2022」

COLUMN

굉장한 도서관 ③ 나카지마기념도서관

일본 아키타 현 아키타 시 국제교양대학에는 '일본에서 가장 아름다운 도서관'이라고도 불리는 '나카지마기념도서관'이 있어요. '책 콜로세움(원형 투기장)'을 주제로 '책과 사람과의 만남의 장이 될 극장 공간'으로 디자인된 반원형 홀에는 아키타 현 삼나무를 충분히 사용해 만든 우산형 지붕이 있답니다.

이 대학교에는 외국인 교원 비율이 58.6%로 높아 학생 네 명 중 한 명은 유학생이고, 모든 학생은 의무적으로 1년 동안 유학을 다녀와야 해요. 모든 수업이 영어로 진행되는 등 글로벌 교육에 힘을 쏟는 대학교랍니다. 소장된 서적 약 8만 5,000권 중 서양 서적이 5만 2,000여 권, 일본 서적이 3만 2,000여 권으로 일본어 서적이 더 적은 보기 희귀한 도서관이에요.

재학생과 교직원은 24시간 365일 이용할 수 있으며, 대학 관계자가 아니어도 정해진 시간에 이용할 수 있으니 일본에 갈 때 한번 방문해 보면 어떨까요?

국제교양대학교 나카지마기념도서관

©Peguim (Licensed under CC BY 3.0)

제 **4** 장

조사할 때 요령을 배워 보자 ▶▶

'나중에 찾아보자'가 아니라 바로 조사하기!

★ 조사하면 조사할수록 지식이 쌓인다!

모르는 문제나 궁금한 점이 있는데도 '나중에 찾아보자' 하면서 미룬 적 없나요? 바로 찾아보지 않으면 결국 귀찮아져서 포기하는 일이 많지요. 아니면 무엇을 찾아보려 했었는지 잊어버리거나 아예 찾아보려고 했던 사실조차 잊어버리는 경우도 많답니다.

바로바로 찾아보는 사람은 지식이 점점 늘어나지만 조사하기를 미루는 사람은 결국 찾아보지 않아서 결과적으로 지식이 늘지 않아요. 이것이 오래 지속되면 결국 지식의 전체 양에서 큰 차이가 생긴답니다.

그러니 궁금한 게 생기면 바로 찾아보아야 해요. 철학자 프랜시스 베이컨은 '아는 것이 힘이다'라는 명언을 남겼어요. 조사하면서 얻은 지식은 나중에 여러분에게 큰 힘이 될 거예요.

> **이 단어는 알아야 해!**
>
> **프랜시스 베이컨**(Francis Bacon, 1561~1626)
> 16~17세기에 걸쳐 활약한 영국의 철학자 겸 정치가, 법률가예요. 경험에 바탕을 둔 지식을 중요하게 여기는 '경험론의 선구자'로 불리며 후세에도 큰 영향을 끼쳤어요.

나는 어떤 유형일까?

아프리카 남부에 속한 나라 모잠비크의 수도는 어디일까요?

A — 스마트폰으로 검색하면 금방 알 수 있어!

1분 뒤 → 수도는 바로 '마푸투?'. 사진으로 보니 아름다운 곳이었어!

B — 귀찮아. 나중에 찾아봐야지.

10분 뒤 → 아까 뭘 찾아보려고 했었지?

여러분은 A 같나요? 아니면 B 같나요?

A와 B가 어른이 될 때까지 바뀌지 않는다면 어떻게 될까요? 지식의 양에서 큰 차이가 나지 않을까요? 인터넷이 없던 시대와 달리 이제는 뭐든지 인터넷으로 쉽게 조사할 수 있어요. 그러니 궁금한 것은 바로바로 찾아보아요!

제 4 장 조사할 때 요령을 배워 보자

생각해 보자

- 모르는 문제가 있을 때 '바로 찾아본다' vs. '나중에 찾아보기로 하고 미룬다'
- 찾아보지 않고 모르는 채로 있다 보면 어떤 기분이 드나요?

자료가 만들어진 시기를 염두에 두고 조사하는 습관을 기르자

★ 숫자가 크게 달라질 때가 있어!

데이터를 조사할 때는 언제 만들어진 자료인지 '시기'를 꼭 확인해야 해요. 오른쪽 페이지에 있는 그래프는 모두 1~3월 '한국 방문 외국인(인바운드) 수'를 나타낸 것이에요. 2022년은 매달 수만 명에 불과했는데 2023년은 40만 명을 크게 넘어섰어요. 2022년은 신종 코로나바이러스의 영향으로 한국을 방문하는 외국인 수가 많지 않았는데, 2023년이 되자 코로나바이러스의 영향이 사라지면서 입국 제한이 완화되어 한국을 방문하는 외국인 수가 늘었답니다.

이처럼 '시기'에 따라 데이터가 크게 달라질 수 있어요. 조금이라도 이전 데이터를 사용하면 올바르게 상황을 파악할 수 없을 수도 있어요. 따라서 데이터를 조사할 때는 '언제 만들어진 데이터인지'를 반드시 확인해야 한답니다.

이 단어는 알아야 해!

인바운드(inbound)

'외국에서 국내로 오는 여행' 또는 '국내 방문 외국인 관광객'을 가리키는 말이에요. 2020년 2월 이후 전 세계에 신종 코로나바이러스가 크게 유행하면서 입국에 제약이 생겨 한국을 방문하는 외국인 수가 급감했어요.

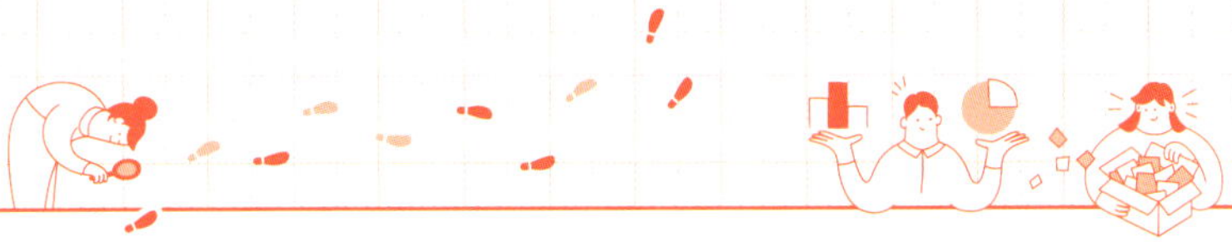

한국 방문 외국인(인바운드) 수 추이

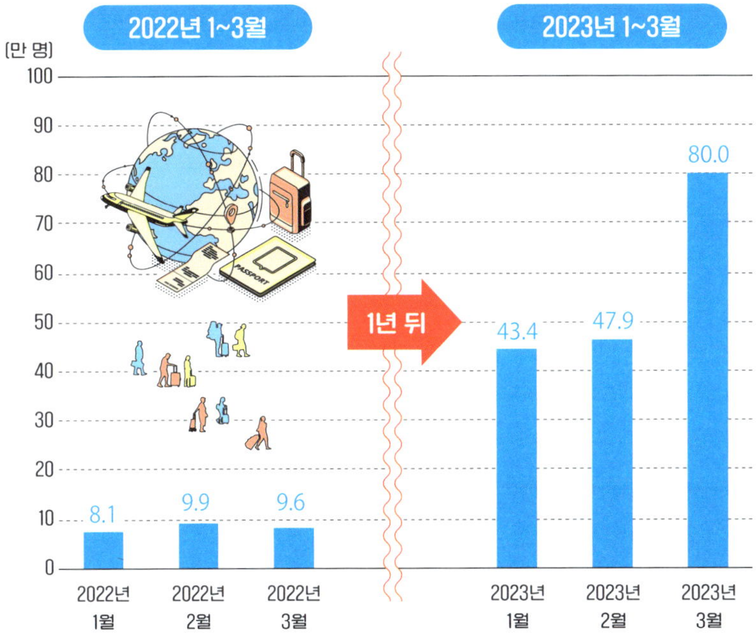

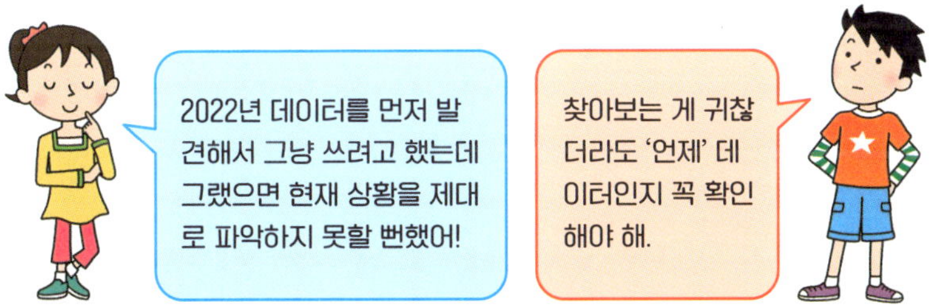

2022년 1~3월			2023년 1~3월		
2022년 1월	2022년 2월	2022년 3월	2023년 1월	2023년 2월	2023년 3월
8.1	9.9	9.6	43.4	47.9	80.0

(단위: 만 명) 1년 뒤

2022년 데이터를 먼저 발견해서 그냥 쓰려고 했는데 그랬으면 현재 상황을 제대로 파악하지 못할 뻔했어!

찾아보는 게 귀찮더라도 '언제' 데이터인지 꼭 확인해야 해.

- 데이터를 조사할 때 '언제' 데이터인지 확인하나요?
- 이전 정보를 조사하면 '현재 상황'을 파악할 수 있을까요?

출처: 문화체육관광부 관광지식정보시스템 (https://know.tour.go.kr/)

'1차 정보', '2차 정보', '3차 정보' 구별하기

★ 되도록 1차 정보까지 거슬러 올라가서 확인하자!

우리나라 인구를 조사할 때 정보 제공원으로 '친구', '신문', '정부' 중 어느 정보를 가장 믿을 수 있을까요?

가장 믿을 만한 곳은 아무래도 정부가 발표한 공식 데이터일 거예요. 공공 기관이 발표한 데이터나 공식 사이트 등에 올라간 정보처럼 조사한 사람이 공표한 정보를 '1차 정보'라고 해요. 그리고 그 1차 정보를 신문 등이 인용하여 게재한 정보를 '2차 정보'라고 한답니다. 이때 반드시 이용한 정보 제공원을 '출처'로 명시해야 해요. 2차 정보는 1차 정보를 알기 쉽게 설명해 주기도 하지만 잘못된 정보일 때도 있어요. 그리고 정보 제공원이 확실하지 않은 것이 '3차 정보'예요. 헛소문이나 거짓, 착각이 포함될 가능성이 높으므로 신중하게 내용을 파악해야 해요. 조사할 때는 되도록 '1차 정보'까지 확인해 보아요.

이 단어는 알아야 해!

출처

인용한 어구나 데이터의 정보 제공원인 문헌을 뜻해요. '출처'를 명기하는 곳의 규정을 지키면 다른 문헌이나 서적 인용이 인정된답니다. 출처를 명기하지 않으면 저작권법을 위반하게 되니 조심해야 해요.

조사할 때는 '1차 정보'까지 거슬러 올라가 확인해 보아요!

1차 정보 — 공공기관, 공식 사이트, 고유 정보

2차 정보 — 1차 정보를 바탕으로 신문, TV, 잡지에서 제공된 정보

3차 정보 — 정보 제공원이 확실하지 않은 블로그나 트위터에 오른 정보

신빙성: 크다 ↑ ↓ 작다

이 책의 데이터는 2차 정보가 되겠군!

제4장 조사할 때 요령을 배워 보자

데이터를 조사할 때는 1차 정보를 찾는 게 철칙이에요. 신문이나 TV, 잡지에서도 1차 정보를 잘못 전달할 때가 있답니다. 특히 인터넷상에는 엉터리 정보나 헛소문도 많으니 조심해야 해요. 그러니 정보 제공원이 어디인지 확인하는 습관을 길러 보아요.

 생각해보자

- 우리 동네 인구를 '1차 정보'를 사용해서 조사해 보아요!
- '3차 정보'를 믿었다가 일을 그르친 적 없나요?

여러 정보 제공원을 통해 '진위 확인'을 하는 습관을 들이자

★ 여러 정보 제공원을 통해 사실 확인을 하자

무언가를 조사할 때 우연히 발견한 한 곳만의 정보만 구하고 안심하진 않나요? 만에 하나 그 정보가 거짓이거나 엉터리라면 어떻게 될까요? 여러분은 거짓이나 엉터리 정보를 사실로 믿게 된답니다. 그렇게 되지 않기 위해서라도 매체나 전문가 등 여러(적어도 두 가지 이상) 정보 제공원을 찾아보고 '진위 확인'을 해야 해요. '진위 확인'이란 사실관계를 확인하는 과정이에요.

이때 믿을 수 있는 정보 제공원으로부터 정보를 얻어야 하는데, 어느 제공원이든 정보를 제공하는 주체는 '사람'이에요. 누구라도 잘못된 정보를 제공할 수 있으니 '100% 정확하다'라고 믿지 말고 '진짜일까?'라며 의심의 눈초리로 살펴봐야 한답니다.

예를 들어 TV 방송 중에 아나운서가 '앞서 자막이 [서울시 강남구]라고 나갔으나 [서울시 강북구]의 오타였습니다'와 같이 정정하는 장면을 본 적이 있을 거예요. 신문에서도 '정정 및 사죄' 기사가 종종 보여요. 이렇게 수많은 관계자가 연관된 대형 매체도 잘못된 정보를 제공할 때가 있답니다. 따라서 개인 블로그나 SNS에는 오해나 착각에서 비롯된 잘못된 정보가 더 많을 수밖에 없어요. 또 개인의 생각을 그대로 믿었다가는 사실과 혼동할 수 있으니 주의해야 해요.

조사할 때는 '진위 확인'을 꼭 해야 해요!

[진위 확인]

[뜻] 확실한 증거를 찾아서 정보가 사실인지, 정확한지 확인하는 과정. 증거를 입증하는 일. 정보가 정확한지 확인할 때 '정보의 진위를 확인한다'라고 해요.

▶ '진위 확인'을 위해 바로 가능한 일

여러 정보 제공원에 확인하기	우연히 발견한 정보를 무조건 믿지 말고 적어도 둘 이상의 정보 제공원을 찾아보아요. 확인한 모든 제공원의 내용이 같다면 정확한 정보일 가능성이 높지만, 결과가 다르다면 어느 한 가지는 틀렸을 가능성이 높겠네요.
1차 정보까지 확인하기	되도록 1차 정보까지 거슬러 올라가서 정보 제공원이 공공기관이나 전문가처럼 믿을 수 있는 대상인지 확인해요. 믿기에 모호한 제공원이라면 정보 내용이 정확한지 의심해 보아요!
'사실'과 '개인의 생각' 분별하기	기온이 25도일 때 덥다고 느끼는 사람도 있고 춥다고 느끼는 사람도 있답니다. 여기서 중요한 사실은 같은 25도라도 사람에 따라 느끼는 게 다르므로, '사실'과 '개인의 생각'을 분별할 수 있어야 정확한 정보를 얻을 수 있다는 점이에요!

조사한 내용이 틀린 정보라면 본인만 손해랍니다. 처음에는 귀찮게 느껴질 수 있지만 금방 익숙해지니 '진위 확인'하는 습관을 들여 보아요.

제4장 조사할 때 요령을 배워 보자

- SNS에서 본 내용이 의심스러울 때 진짜인지 확인하나요?
- 가장 먼저 발견한 정답이 무조건 정확하다고 생각하나요?

5
정보 속에 가려진 제공자의 의도를 생각해 보자!

★ 정보 제공자의 마음을 그려 보자!

2019년 7월, 한국에서 일본 제품을 구매하지 않겠다는 '노 재팬 운동'의 불길이 타올랐어요. 당시 일본의 각 뉴스는 오른쪽 페이지와 같이 'NO JAPAN'이라 쓴 플래카드를 든 사람이나 일본 제품을 망치로 두드려 부수는 사람들의 모습을 계속해서 내보냈어요.

일본인이 날마다 오른쪽 사진과 같은 장면을 본다면 당연히 '지금은 한국에 가면 안 되겠다'라고 생각할 거예요. 하지만 이때 한국에 갔던 일본인들에게 분위기가 어땠냐고 물으면 대부분 '평상시와 똑같았다'라고 답했어요.

방송국 입장에서 생각해 볼게요. 만약 여러분이 방송국 직원이라면 아무런 소동도 일어나지 않은 평온한 거리를 카메라로 찍을까요? 그렇지 않을 거예요. 뉴스로 내보낼 수 없으니까요.

2011년 3월에 발생한 동일본대지진의 쓰나미 영상은 당시 전 세계에 계속해서 재생되었어요. 이때 일본을 제외한 다른 나라 사람 중에는 '일본 전체가 큰일 났다'라고 착각한 사람도 많았다고 하는데, 사실 일본의 서쪽 지역에는 거의 영향이 없었어요.

영상뿐 아니라 모든 정보를 접할 때는 정보 제공자의 의도를 잘 생각해야 해요. 그렇지 않으면 전체적인 내용을 잘못 이해할 수도 있답니다.

2019년 7월에 발생한 '노 재팬 운동'의 모습

2019년 7월 한국에서 '노 재팬 운동'이 일어났을 때 일본에서는 일본에 격렬하게 항의하는 한국인들의 모습이 날마다 보도되었어요. 일본인 중에는 한국의 전 지역에서 일본에 저항하는 움직임이 거세게 일고 있다고 생각하는 사람들이 적지 않았답니다.

TV에서 보이지 않는 곳은 어떤 상황인지 상상해 보는 것도 중요해요!

- 2019년에 한국에서 일본 제품 불매 운동이 일어난 원인을 조사해 보아요!
- 뉴스로 보도되지 않은 부분에도 관심을 가져 보아요!

출처: Amankgupta / Shutterstock.com

6
들은 이야기만 가지고 판단하지 않기!

★ 남에게 들은 이야기만 가지고 판단하면 틀릴 수도 있어!

우리는 다양한 형태로 정보를 얻는데 그중에서도 '가까운 사람에게 들은 이야기'는 너무 쉽게 믿을 수 있으니 조심해야 해요.

예를 들어 절친 A에게 'B는 질이 안 좋은 사람이다'라는 이야기를 들으면 아무래도 쉽게 수긍하지 않을까요? A가 믿을 만한 사람이더라도 A의 이야기만 듣고 섣불리 판단하지 말고 여러 사람에게 이야기를 들어보는 게 바람직하다고 생각해요. 어쩌면 C를 좋아하는 A가 'C가 B를 좋아한다'라는 사실을 알고 질투가 나서 B를 안 좋게 말한 것일지도 몰라요.

이럴 때 A가 말한 내용이 맞는지 사실 확인을 하지 않고 'B는 질이 안 좋아!'라고 판단해버리는 사람이 적지 않아요. 그런데 여러분, 다른 사람이 한 말만 믿고 판단해도 괜찮은 걸까요?

다른 사람의 말이 의심스럽거나 판단할 만한 근거가 없을 때는 섣불리 판단하지 말고 정보를 충분히 찾은 뒤에 내 가치관에 맞춰 답을 마련해 보아요. 앞 페이지에서 소개한 '어떤 의도가 있는지'를 잘 살피면서 다른 사람의 생각이나 정보에 휩쓸리지 않아야 정확하고 균형 잡힌 판단을 내릴 수 있답니다.

이럴 땐 어떻게 할까요?

B는 질이 안 좋아!

절친 A

〔여러분은 B를 잘 몰라요. A의 이야기를 듣고 어떻게 할까요?〕

1 절친 A가 한 말이니까 그대로 믿고 B를 피한다.

2 절친 A가 한 말이지만 다른 정보를 확인한 뒤 내 나름대로 판단을 내린다.

①과 ② 중 어느 쪽이 바람직할까요?

다른 사람의 이야기를 듣는 건 매우 중요한 일이지만 그 내용의 사실관계가 확실하지 않다면 판단할 만한 근거를 찾은 뒤 판단을 내리도록 해요.

- 누군가에게 들은 말만 가지고 잘 모르는 사람을 멋대로 판단한 적 없나요?
- 다른 사람의 이야기를 그대로 믿었다가 안 좋은 일을 경험한 적 없나요?

7

검색이 잘 안될 때는 이런 필살기를 사용하자!

★ 검색 팁을 알아두면 편리해!

인터넷에서 무언가를 조사할 때 '검색을 더 잘하는 방법은 없을까?'라고 생각한 적 없나요? 이번 페이지에서는 구글로 검색할 때 도움이 될 만한 몇 가지 팁을 소개할게요.

구글 검색창에 '뉴진스 아이브'로 검색하면 뉴진스와 아이브가 모두 포함된 검색 결과가 표시되고, '뉴진스 or 아이브'로 검색하면 둘 중 어느 하나를 포함한 검색 결과가 나타난답니다. '뉴진스 - 아이브'로 검색하면 '-' 뒤 단어를 제외하고 검색할 수 있어요.

검색어가 떠오르지 않을 때는 '와일드카드 검색'이 편리해요. 예를 들어 '조미수호통상조약'이라는 단어가 떠오르지 않으면 '조미**통상조약'과 같이 '*'를 사용하면 검색어가 확실하지 않을 때도 원하는 답을 찾을 수 있어요.

그 외에도 오른쪽 페이지처럼 비슷한 사이트를 찾거나, PDF 또는 EXCEL 등의 파일 형식을 지정해 검색하는 팁도 있는데 이런 방법은 극히 일부에 지나지 않아요. 다른 팁도 많이 있으니 찾아보아요. 검색 팁을 사용하면 조사 속도가 빨라지니 도움이 될 거예요.

구글 검색 팁 다섯 가지

여러 키워드를 모두 검색하고 싶을 때

'키워드 키워드' 검색/ 예) '뉴진스 아이브'로 검색하면 두 검색어가 포함된 결과가 나타나요.

특정 키워드를 제외하고 검색하고 싶을 때

'키워드 - 키워드' 검색/ 예) '뉴진스 - 아이브'로 검색하면 아이브를 제외하고 뉴진스만 포함된 결과가 나타나요.

검색하고 싶은 단어가 확실하지 않을 때

'키워드 * 키워드' 검색/ 예) '조미**통상조약'으로 검색하면 '조미수호통상조약'이 검색 결과에 나타나요.

파일 형식을 지정해 검색하고 싶을 때

'filetype:[파일 형식명] [키워드]' 검색/ 예) 'filetype:pdf 대한민국 인구'로 검색하면 PDF 파일을 검색할 수 있어요. 엑셀이나 워드 등도 마찬가지랍니다.

비슷한 사이트를 검색하고 싶을 때

'related:[원 사이트 URL]' 검색/ 예) 'related: www.pokemon.co.jp/'로 검색하면 포켓몬 공식 사이트와 비슷한 사이트가 검색 결과에 나타나요.

위 다섯 가지는 일부에 불과해요. 이외에도 많은 검색 팁이 있으니 스스로 찾아서 확인해 보아요.

도움이 될 것 같아요. 찾아볼게요!

- 구글에서 '대각선'과 '일회전'을 검색해 보아요!
- 구글에서 검색이 잘 안될 때는 '팩맨'을 검색해 보아요!

'다른 사람에게 물어보기'도 조사하는 방법 중 한 가지!

★ 혼자서 다 해결하지 않아도 괜찮아!

'조사'라고 하면 보통 인터넷이나 책 등에서 찾아보는 거라고만 생각하지요. 하지만 다른 사람에게 물어보는 것도 좋은 방법이랍니다. 특히 전문가나 경험이 풍부한 사람에게 물어볼 수 있다면 책이나 인터넷상의 정보보다 더 정확하고 믿을 수 있기에 훌륭한 정보 제공원이 될 수 있어요.

'다른 사람에게 물어보면 내가 알아보지 않은 셈이 되는 것 아닌가?'라고 생각할 수도 있지만 남에게 물어보는 것도 훌륭한 방법이에요.

게다가 조사를 잘하거나 아는 것이 많은 사람 중에는 가르치는 것도 잘하는 사람이 많아요. 따라서 빨리 답을 얻고 싶을 때는 스스로 조사하기보다 물어보는 게 훨씬 효율적일 때가 많답니다. 다른 사람에게 질문하고 답을 얻는 과정을 통해 내 생각과 아이디어가 정리되고 깊이가 더해지는 부수적인 효과도 기대할 수 있어서, 스스로 아무리 찾아봐도 도저히 알 수 없을 때는 다른 사람에게 물어보는 편이 효과적이에요.

다만 누군가에게 질문을 하면 그 사람의 시간을 빼앗게 되지요. 나에게 일부러 시간을 내주는 것이니 어느 정도는 스스로 찾아보고 궁금한 점은 미리 정리해서 가도록 해요. 또 아는 척하지 말고 모르는 문제는 모른다고 솔직히 말할 수 있는 겸허한 태도를 잊지 말아요. 그러면 분명 상대방도 좋은 마음으로 가르쳐 줄 거예요.

다른 사람에게 물어보는 게 나을 때도 있어요!

판다가 좋아! 더 자세히 알고 싶어!

바로 다른 사람에게 물어보는 A

 좋아! 잘 아는 사람에게 물어보자!

다른 사람에게 전혀 물어보지 않는 B

 다른 사람에게 물어보기 창피하니까 도감에서 찾아보자.

1년 뒤

 우와, 판다가 내는 소리가 어떤 뜻인지 점점 밝혀지고 있구나. 흥미로운데?

 찾는 책마다 '하루 14시간 동안 대나무를 먹는다'라고만 써 있네…

10년 뒤

 잘 모르는 내용은 잘 아는 사람에게 물어보는 편이 이해도 빠르고, 다른 내용까지 더 알고 싶어져!

혼자 조사하는 건 한계가 느껴져. 하지만 창피해서 다른 사람에게 못 물어보겠어…

 다른 사람에게 물어볼 수 있는 사람은 호기심이 자극되면서 관심 범위가 점점 넓어져요. 이런 자세는 어른이 되어서도 중요하답니다.

학교에서도 선생님에게 물어봐야 이해되는 내용이 많을 거예요. 용기를 내서 다른 사람에게 물어보도록 해요.

제 4 장 조사할 때 요령을 배워 보자

- 혼자서 찾아볼 땐 모르겠다가 다른 사람에게 물어보니 금방 이해됐던 경험 없나요?
- 다른 사람에게 물어보는 게 창피한가요?

9

'정보'는 정보를 나누는 사람에게 모인다

★ 아까워하지 말고 있는 정보를 나누자!

친한 친구가 7인조 걸그룹 'BABYMONSTER'를 좋아하는 사실을 알고 있다면 다음 주 음악 프로그램에 BABYMONSTER가 출연한다는 소식을 들었을 때 '친구에게 알려 줘야지!'라고 생각할 거예요. 반대로 친구가 BABYMONSTER를 좋아하는 사실을 모른다면 알려 줄 생각을 안 했겠지요.

예를 들어 여러분이 판다의 생태를 더 자세히 알고 싶다면 주위 사람들에게 그 사실을 이야기해 보아요. 그러면 누군가가 '도서관에 괜찮은 판다 책이 있어'라고 귀띔해줄지도 모르고, '중국 쓰촨성에 판다 보호구역이 있어서 중국어를 공부하면 더 자세히 알 수 있을 거야'라며 판다를 잘 아는 지인이 조언해 줄지도 몰라요.

이처럼 정보는 정보를 나눠 주는 사람에게 잘 모인답니다.

여러분도 평소 정보를 잘 나눠 주는 친구에게는 '좋은 정보가 생기면 알려 줘야지'라고 생각할 거예요. 그렇게 새로운 정보를 서로 주고받는 관계를 만들면 더 즐거워질 거예요. 그래서 같은 취미를 가진 사람끼리 친해지는 거 아닐까요? 아까워하지 말고 내가 가진 정보나 관심사를 다른 사람과 나누다 보면 내가 얻는 것도, 신나는 일도 더 많아질 거예요.

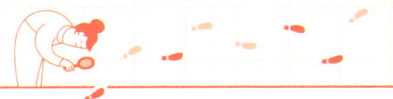

정보를 나누는 사람에게 정보가 잘 모이는 이유

판다를 보러 중국에 가고 싶어!

판다가 너무 좋아!

판다 정보 알려줘!

판다가 좋다는 사실을 항상 주변에 어필하는 A

중국에서 판다가 새로 태어났다는 뉴스 봤어?

알려줘서 항상 고마워!

내일 TV에서 판다 프로그램 나온대.

판다 좋아하는 걸 주변에서 **아니까** 판다 정보가 생기면 다 알려줘!

판다 좋아하는 편이야…

판다가 좋다는 사실을 주변에서 잘 모르는 B

야구 인원이 부족한데 같이 하지 않을래?

나보고 야구 하라고? 야구 해 본 적 없거든?!

판다 좋아하는 걸 주변에서 **모르니까** 판다 정보가 하나도 들어오지 않아!

내가 먼저 정보를 나누면 따로 알아보지 않아도 저절로 정보가 모여요!

제 4 장 조사할 때 요령을 배워 보자

생각해 보자

- 주위 사람들에게 정보를 나누지 않는다면 이유가 뭔가요? 무슨 문제가 있나요?
- 정보를 잘 나눠 주는 사람에게는 나도 정보를 주고 싶지 않나요?

10

인터넷보다 책으로 찾는 게 더 빠를 때도 있다

★ 책은 한 권만 읽어도 전체적으로 이해할 수 있어

인터넷상에 다양한 정보가 있는 건 장점이지만 오히려 단점이 될 때도 있어요. 예를 들어 '축구의 오프사이드'가 궁금해서 '오프사이드'를 검색하면 웹사이트가 많이 표시되어요. 그런데 너무 많아서 어떤 게 더 이해하기 쉬운지, 어떤 게 정확한 정보인지 가려내기가 어려워요. 만약 '오프사이드'라는 단어 자체를 모른다면 어떤 단어로 검색하면 되는지 알 수 없는 문제도 있답니다.

이럴 때는 차라리 '축구 규칙'을 정리한 책을 한 권 읽는 편이 얕게나마 규칙 전체를 이해할 수 있고, 내가 원하던 답을 더 빨리 찾을 수도 있어요. 책은 순서에 따라 이해하기 쉽게 체계적으로 정리되어 있고, 오프사이드 말고도 알아 두어야 할 규칙을 더 배울 수 있어요. 전문가가 쓴 내용이라서 인터넷상의 정보보다 더 믿을 수 있고 인터넷에서처럼 여러 사이트를 찾을 필요도 없지요.

다만 인터넷처럼 금방 찾을 수는 없어요. 책을 사려면 돈이 들고 빌리려면 도서관에 가야 하는 번거로움이 있어요.

각각 장단점이 있으니 인터넷에만 의존하지 말고 '책'이라는 선택지도 있다는 사실을 꼭 기억했으면 해요.

정보 수집 수단 '인터넷'과 '책'의 차이점

인터넷	구분	책
책보다 낮다.	정보의 신뢰성	일반적으로 높다.
책에는 없는 전문적인 정보까지 알 수 있지만 체계적으로 이해하기 어렵다.	얻을 수 있는 정보의 특징	이해하기 쉽도록 순서대로 설명되어 있다. 알아야 할 내용을 체계적으로 이해할 수 있다.
틀린 정보가 많다. 글쓰기 전문가가 아닌 사람이 쓴 글이 많아서 이해하기 어려운 글도 적지 않다.	설명의 질	틀린 정보가 적다. 글쓰기 전문가가 쓰고 여러 사람이 확인해서 이해하기 쉬운 설명이 많다.
무료	돈이 드나요?	유료 (도서관 이용 시 무료)
구글 효과(104쪽)도 있어서 기억에 남지 않을 수도 있다.	그 외	돈을 주고 샀으니 제대로 이해하려고 더 노력한다.

확실히 전체적으로 이해하고 싶을 때는 인터넷은 별로인 것 같아…

책을 읽을 때는 귀찮지만 고생해서 읽고 나면 나중에 더 도움이 되는 것 같아!

- 인터넷으로만 찾아보면 대충 어떻게든 되겠거니 생각하지 않았나요?
- 책을 읽었더니 이해가 더 잘된 경험 없나요?

한국어로 검색이 잘 안되면 영어로 검색해 보자

★ 웹사이트 대부분은 영어로 되어 있다는 사실!

인터넷으로 검색하는데 찾고 싶은 정보가 도저히 나오지 않을 때는 '영어'로 검색해 보아요. 영어는 세계에서 가장 널리 사용되는 언어이고 전 세계 웹사이트의 반 이상(55.6%)이 영어로 되어 있기 때문이에요. 참고로 한국어로 된 웹사이트가 차지하는 비율은 0.7%에 불과하답니다. 인터넷상의 정보량은 영어가 다른 언어보다 훨씬 많은 셈이지요. 실제로 한국어로 검색하면 안 나오다가 영어로 검색하면 쉽게 찾아지는 경우가 적지 않아요.

'영어 못하는데 어떻게 해!', '아직 초등학생이라서 어려워!'

이런 반응이 예상되는데 영어를 잘 몰라도 검색하고 싶은 단어를 ChatGPT나 번역 사이트에서 영어로 바꾸면 쉽게 원하는 정보를 얻을 수 있어요. 영어로 된 검색 결과도 한국어로 바꿔 주면 어느 정도는 내용을 파악할 수 있답니다.

시험에서 좋은 성적을 얻기 위해 열심히 공부한 영어를 정보를 얻을 때도 잘 활용해 보아요.

웹사이트에서 사용되는 언어 순위(2023년 5월 2일)

- 영어 55.6%
- 기타 21.7%
- 러시아어 5.0%
- 스페인어 4.9%
- 독일어 4.3%
- 프랑스어 4.2%
- 일본어 3.6%
- 한국어 0.7%

제4장 조사할 때 요령을 배워 보자

> 영어를 몰라도 AI나 번역 사이트를 활용하면 영어로 검색할 수 있어요. 그게 가능해지면 조사할 때 큰 무기가 되고 내 시야도 넓어질 거예요.

- 영어로 검색해 본 적 있나요?
- ChatGPT나 번역 사이트에서 한국어를 영어로 번역해 보아요!

출처: W3Techs 「Usage statistics of content languages for websites」(2 May 2023)

COLUMN

굉장한 도서관 ④ 별마당 도서관

서울 강남구 코엑스몰에 있는 별마당 도서관은 거대한 도서관으로 유명해요. 높이가 13미터나 되는 책장이 줄지어 있는 모습이 장관을 이루고 있어서 인스타그램 인증 샷 명소로도 큰 인기를 얻고 있어요.

1층에는 문학과 인문학 서적이, 지하 1층에는 취미, 실용서가 있고, 원서 코너와 유명인 서재 코너, iPad로 읽는 전자서적 코너, 해외 잡지 코너도 있답니다. 특히 좋은 건 별다른 절차 없이 읽고 싶은 책을 책장에서 꺼내어 자유롭게 읽을 수 있다는 점이에요. 또 독서 공간도 따로 마련되어 있어 차분한 분위기 속에서 책을 읽을 수 있어요. 물론 무료랍니다.

한국 여행을 오는 해외 관광객들도 코엑스에서 쇼핑뿐 아니라 독서까지 즐길 수 있어요.

장장 13미터를 자랑하는 거대한 책장

VittoriaChe / Shutterstock.com

제 5 장

조사가 끝났다면

잘 정리해서

전달하기

조사 후 행동도 중요해!

★ 조사한 자료를 잘 활용하자!

요리 레시피를 검색만 하고 끝낸다면 레시피를 검색한 의미가 없을 거예요. 여름방학 자유 연구 숙제로 SDGs(지속 가능 발전 목표)를 열심히 조사해서 발표하고 그걸로 끝이라면 애써 조사한 내용도 금방 잊어버리고 말 거예요.

모르는 문제를 조사하는 것도 중요하지만 공들여 조사한 내용을 내 지식으로 만든다면 훨씬 더 좋지 않을까요? 그런데 똑같이 조사를 하더라도 어떻게 행동하느냐에 따라 결과가 크게 달라질 수 있답니다.

오른쪽 페이지에는 어떻게 하면 배운 내용을 내 것으로 만들 수 있는지를 나타낸 '러닝 피라미드'라 불리는 그림이 실려 있어요. 그림을 보니 학교 수업(강의)을 듣고 나서 내 지식이 되는 양이 5%에 불과하네요. 가만히 앉아서 듣고 보는 것에 그치는 수동적인 자세로는 배운 내용을 내 것으로 만들기 어렵다는 이야기랍니다. 선생님들도 그 점을 잘 알기에 필기를 하라고 시키거나 문제를 풀어 보게 하는 등 학생들이 스스로 체험할 수 있도록 유도해요.

조사할 때도 '조사' 자체가 최종적인 목표는 아닐 거예요. 조사한 내용을 내 것으로 만들고 싶다면 능동적으로 움직여야 해요. 이번 장에서는 능동적인 행동에 관해 설명할게요.

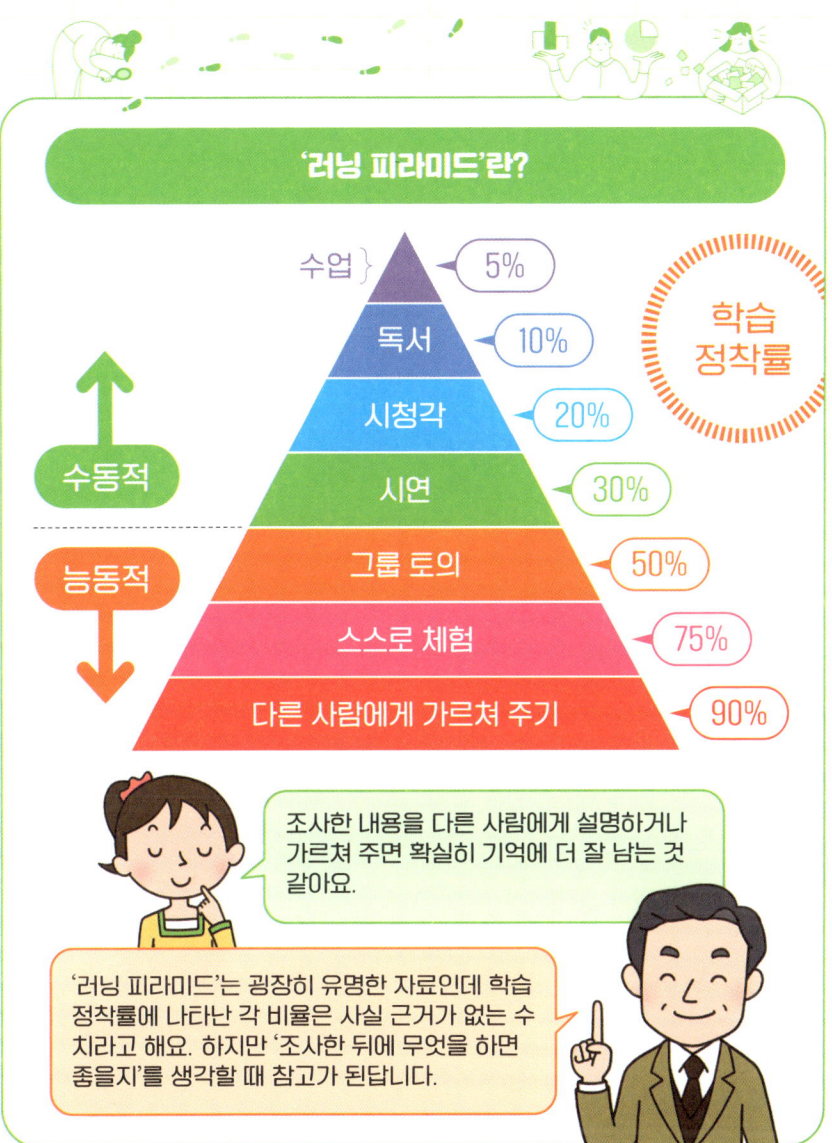

생각해 보자

- 조사하고 나서 그걸로 끝인 경우가 있지 않나요?
- 조사할 때는 조사하는 목적이 분명히 있을 거예요! 그 목적을 잃지 않도록 노력해 보아요!

2

조사한 내용을 다른 사람에게 설명하자!

★ 다른 사람에게 설명하면 이해가 더 잘 돼

조사가 끝나면 다른 사람에게 적극적으로 설명해 보아요. 러닝 피라미드에는 '그룹 토의'라고 되어 있지만 꼭 단체로 이야기할 필요 없이 누구에게든 설명하면 된답니다.

찾아본 내용을 막힘없이 술술 설명할 수 있다면 이는 제대로 조사했다는 증거이니 자신감이 생길 거예요. 설명하다 보면 상대방이 이런저런 질문을 할 때도 있어요. 만약 질문에 제대로 답하지 못한다면 '내가 이해를 잘 못했구나'라고 깨닫는 계기도 될 수 있답니다. 내 생각과 다른 의견이 나오면 '저렇게 생각할 수도 있구나'라며 새로운 관점으로 사물을 바라볼 수도 있어요. 내 설명 중에 틀린 내용이 있으면 상대방이 알려 주기도 하는데, 그러다 보면 지금까지 생각지도 못했던 새로운 궁금증이 생기기도 한답니다.

조사한 내용을 다른 사람에게 전할 때는 조사하기 전의 내 모습을 되돌아보고 '이 부분은 나도 이해하기 어려웠어. 이렇게 설명하면 이해하기 쉬울 거야'라며 듣는 사람을 배려해 보아요. 신기하게도 듣는 사람을 생각하면서 설명하면 내 머릿속에서도 정리와 이해가 더 잘 된답니다.

'그룹 토의'는 어떻게 하면 좋을까요?

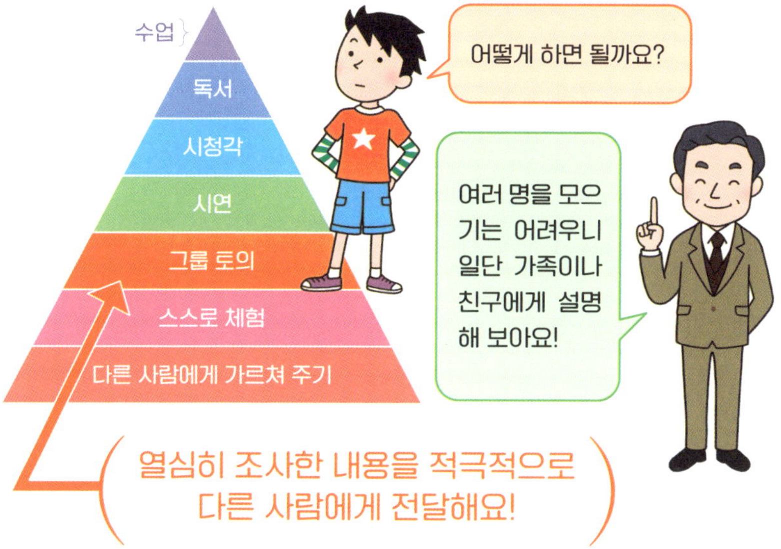

학습 피라미드 (위에서 아래로):
- 수업
- 독서
- 시청각
- 시연
- 그룹 토의
- 스스로 체험
- 다른 사람에게 가르쳐 주기

어떻게 하면 될까요?

여러 명을 모으기는 어려우니 일단 가족이나 친구에게 설명해 보아요!

열심히 조사한 내용을 적극적으로 다른 사람에게 전달해요!

설명하면 좋은 점 세 가지
1. 내가 이해를 잘했는지 못 했는지 알 수 있다.
2. 틀린 점을 발견하고 고칠 수 있다.
3. 새로운 궁금증을 발견할 수 있다.

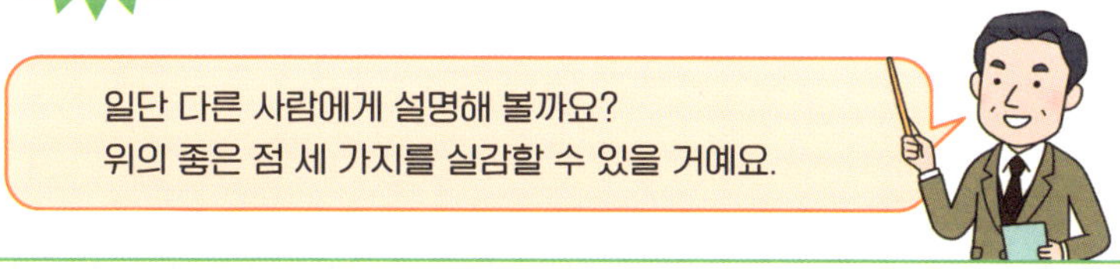

일단 다른 사람에게 설명해 볼까요? 위의 좋은 점 세 가지를 실감할 수 있을 거예요.

생각해 보자

- 조사한 내용을 다른 사람에게 설명할 때 즐겁지 않나요?
- 조사한 내용을 다른 사람에게 설명하면서 내가 제대로 이해 못한 사실을 깨달은 적 없나요?

3

조사한 내용을 실제로 체험해 보자!

★ 체험해 봐야만 알 수 있는 경우도 있어

BTS나 SEVENTEEN 같은 K-POP 아이돌을 좋아하게 된 것을 계기로 한국이라는 나라에 흥미가 생겨서 이래저래 조사하다 보니 많이 알게 되었어요. 이렇게 단순한 흥미로 시작했지만 점차 조사의 깊이가 더해지면서 탐구 수준에까지 이르는 외국인들이 늘고 있다고 해요. 한국의 음식 문화를 공부해서 요리도 많이 알게 되고, 좋아하는 아이돌 덕에 서울 이외 지역의 이름까지 외우는 등 흥미의 폭이 넓어지면 지식의 폭도 점점 넓어진답니다.

예를 들어 '부대찌개'라는 음식명을 외웠다가 먹는다던가, 수원이라는 도시 이름을 외운 뒤 실제로 가 본다면 기억에도 더 확실히 남고 조사한 보람도 있을 거예요. 그리고 인터넷이나 책만으로는 알 수 없는 일들을 직접 체험하면 지식의 폭도 더 깊어진답니다.

지식은 없는 것보다 있는 편이 낫지만, '부대찌개는 군인들이 먹은 찌개에서 유래했대. 먹어 본 적이 없어서 맛은 잘 몰라'라는 설명보다 '부대찌개 정말 맛있어. 군인들이 먹은 찌개에서 유래했대'라고 실제로 먹어 본 사람이 하는 이야기가 더 재밌지 않나요?

실제로 겪어 봐야 알 수 있는 것들도 많으니까 조사한 내용을 실제로 체험할 수 있다면 한번 경험해 보아요.

조사만 하고 체험하지 않으면 내 것으로 만들기 어려워요!

수업
- 독서
- 시청각
- 시연
- 그룹 토의
- 스스로 체험
- 다른 사람에게 가르쳐 주기

어떻게 하면 될까요?

무언가를 조사할 때 조사가 최종 목적인가요? 조사가 끝나면 행동으로 옮기는 것이 중요해요!

조사가 끝났다면 실제 행동으로 옮겨 보아요! 실제로 겪어야 알 수 있는 것들이 있답니다!

실제로 겪어 봐야 즐겁지 않나요?

❶ 공 차는 법을 찾아보고서는 실제로 차지 않는다.
❷ 공략법을 찾아 놓고 게임을 하지 않는다.
❸ 외국 음식을 조사해 놓고 먹지 않는다.

실제로 겪은 뒤에 알게 되는 사실도 많은 것 같아요! 조사만 하고 끝내면 아쉬우니 실제로 경험해 보는 건 어떨까요?

? 생각해보자

- 조사한 내용을 실제로 체험해 보고 싶지 않나요?
- 조사한 내용을 실제로 체험해 봤더니 '생각과 달랐던' 경험 없나요?

조사한 내용을
다른 사람에게 가르쳐 주자!

★ 가르치면서 나 자신도 레벨업!

조사한 내용을 다른 사람에게 가르쳐 주는 것은 조사한 내용을 확실한 내 것으로 만들 때 아주 효율적인 방법이에요. 왜냐하면 이해가 제대로 안 된 상태라면 가르칠 수 없고, 나보다 관련 지식이 없는 사람에게 가르쳐 주려면 아무렇게나 설명하는 것이 아니라 '얼마나 알기 쉽게 설명할지'를 잘 생각해야 하기 때문이랍니다.

상대방에게 설명하다가 '이건 무슨 뜻이야?'라고 질문을 받았는데 제대로 답하지 못할 때도 있을 거예요. 그럴 때 '이런 부분에서 조사가 부족했구나'라고 깨닫는 경우도 적지 않답니다. "미안해! 그 부분은 다시 조사할게"라고 말한 뒤 나중에 꼭 조사하도록 해요. 이런 과정을 통해 여러분은 조사한 내용을 확실한 내 것으로 만들 수 있어요.

반대로 여러분이 다른 사람에게 설명을 듣는 시간도 마련해 보아요. 나보다 잘 아는 사람이 가르쳐 주는 내용을 듣다 보면 분명 또 새롭게 알게 되는 내용이 생길 거예요.

여러분에게 많은 것들을 가르쳐 주는 사람이 있다면 여러분도 분명 그 사람에게 내가 조사한 내용을 가르쳐 주고 싶을 거예요. 서로 가르쳐 주는 상대가 늘어나면 지식과 이해를 넓히는 데 도움이 되고 커뮤니케이션 능력도 좋아진답니다. 서로 자극을 주면서 발전해 나갈 수 있는 사람이 생기면 굉장히 신날 거예요.

다른 사람에게 가르쳐 주면서 나를 단련할 수 있어요!

수업
독서
시청각
시연
그룹 토의
스스로 체험
다른 사람에게 가르쳐 주기

학교에서는 배우기만 하는데 가끔은 내가 누군가에게 가르쳐 주는 것도 좋지 않을까?

자기가 조사한 내용을 다른 사람에게 가르쳐 주면 어떨까요? 어렵게 느껴질 수도 있지만 여러분에게 최고의 훈련이 될 거예요.

다른 사람에게 가르쳐 주면서 조사하고 배운 내용을 확실한 내 것으로 만들자!

가르쳐 주면 좋은 점 세 가지

① 조사가 부족한 부분을 명확히 알 수 있다.
② 조사하고 배운 내용을 내 것으로 만들 수 있다.
③ 커뮤니케이션 능력이 향상된다.

내가 가르쳐 줄 상대가 어떻게 하면 더 쉽게 이해할 수 있을지 고민해 보아요. 설명하는 순서는 94페이지를 참고해요.

생각해 보자

- 다른 사람에게 무언가를 가르쳐 줄 때 잘 모르면서 아는 척한 적 없나요?
- 내가 잘 아는 것을 다른 사람에게 적극적으로 가르쳐 주어요!

'서론', '본론', '결론'으로 나눠 발표하기

★ 쉽게 이해할 수 있도록 이야기의 흐름 잡기

조사한 내용을 정리하여 보고서로 만들어 발표할 때는 순서를 정하기보다는 '서론', '본론', '결론'으로 나누는 편이 전달이 잘 된답니다.

'서론'은 '시작' 부분이에요. 조사하게 된 동기나 가설, 예상 등을 쓰고 설명을 어떻게 전개할지 전달해요.

'본론'은 발표 내용의 중심 부분이에요. 여기서는 '이해한 내용'을 중심으로 '조사하면서 알게 된 점', '조사 방법', '조사하면서 생긴 새로운 의문' 등을 적어요.

'결론'은 '끝' 부분이에요. 여기서는 '조사를 통해 알게 된 것', '조사하면서 든 생각', '향후 계획' 등을 정리해요.

이런 식으로 보고서를 작성하면 전달하고 싶은 내용이 잘 전달된답니다. 그리고 '조사하면서 알게 된 점', '느낀 점'을 나만의 언어로 작성해야 해요. 실제로 써 보면 쉽지 않지요? 금방 잘 쓰긴 어렵겠지만 여러 번 쓰다 보면 점점 실력이 늘 거예요.

이런 식으로 보고서를 작성해 보아요!

서론
스컹크는 방귀 냄새가 지독한 것으로 유명합니다. 저는 냄새가 지독한 이유가 몹시 궁금해서 스컹크 방귀의 역할과 기능을 조사해 보기로 했습니다.

본론
스컹크의 방귀를 조사했더니 아래와 같은 사실을 알게 되었습니다.
<① 방귀> 스컹크의 방귀는 사실 진짜 방귀가 아니라 엉덩이에 있는 '취선'에서 발사되는 액체입니다. 1킬로미터 떨어진 곳에서도 느껴질 정도로 냄새가 지독하답니다. 게다가 스컹크는 이 냄새를 좋아한다고 합니다.
<② 방귀의 역할> ● 방어 수단: 스컹크는 자기 몸을 지키는 수단으로 적을 향해 이 액체를 뿌립니다. 너무 지독한 나머지 이 냄새를 맡으면 기절하거나 죽는 동물도 있다고 합니다.
● 교미 상대 선택: 스컹크의 수컷과 암컷은 서로 엉덩이 냄새를 맡은 뒤 교미를 시작합니다. 새끼의 방귀 냄새가 지독할수록 스스로 몸을 더 잘 지킬 수 있어, 냄새가 더욱 지독한 상대를 고른다고 합니다.

결론
위와 같이 스컹크의 방귀는 살아남기 위해 중요한 역할을 한다는 사실을 알 수 있었습니다. 조금 두렵긴 하지만 얼마나 지독한지 한번 맡아 보고 싶습니다.

다른 사람의 글이나 그림, 사진을 마음대로 사용하면 저작권법 위반이 되지만, 연구 등에서 필요할 때는 '출처'를 남기면 허락 없이 사용할 수 있답니다. 124페이지의 '어린이·청소년 저작권교실'을 찾아 본 뒤 저작권을 조사해 보면 어떨까요?

생각해 보자

- 보고서나 문장을 쓸 때 순서를 생각하나요?
- 보고서 작성을 위해 무언가를 조사할 때 '내가 느낀 점'을 잘 기억해 두나요?

6

'숫자'를 사용하여
설득력을 높이자

★ 조사할 때는 구체적인 숫자까지 찾아보자

'교통사고가 늘었는지 줄었는지 조사해 보자.'

선생님이 이렇게 말씀하신다면 여러분은 무엇을 어떻게 조사하고, 어떻게 답하고 싶나요? 경찰청 홈페이지에서 교통사고 발생 건수를 찾아보니 교통사고는 오른쪽 그래프처럼 감소 추세에 있네요.

이때 '교통사고는 줄어들고 있습니다'라고 대답해도 문제는 없어요. 하지만 잘한 대답이라고 만족하기 전에 다시 한번 생각해 보아요. 조사를 제대로 했다면 단순히 '줄었습니다'에서 끝날 게 아니라 '2022년 교통사고 발생 건수는 30만 1,193건으로 2021년의 30만 5,196건보다 4,003건이 줄었습니다'라고 숫자를 사용해 구체적으로 대답할 수 있을 거예요.

여러분이 친구에게 '교통사고가 늘었는지 줄었는지 알려줘!'라고 부탁했을 때 '줄었어'라는 A의 대답과 '계속 줄어드는 추세에 있고 2022년에는 전년보다 4,003건 줄었어'라는 B의 대답 중 어느 쪽이 더 쉽게 이해되고 설득력이 있나요?

말할 것도 없이 숫자를 사용해 설명한 B일 겁니다. 숫자를 제시할 수 있는 경우에는 '구체적인 숫자'를 생각하며 조사해 보아요. 그리고 다른 사람에게 조사한 내용을 전달할 때는 되도록 숫자를 사용해 보아요. 그러면 설득력이 높아질 거예요.

'숫자'를 사용해서 설명하고 발표해요!

교통사고 발생 건수 추이

연도	건수
2013년	629033
2014년	573842
2015년	536899
2016년	499201
2017년	472165
2018년	430601
2019년	381237
2020년	309178
2021년	305196
2022년	301193

A: 교통사고는 줄었어! 점점 줄고 있어!

B: 2013년에는 약 63만 건이었는데 2022년에는 약 30만 건으로 10년 만에 반으로 줄었어!

누구의 말이 더 설득력 있고 이해하기 쉽나요?

A는 제대로 조사했음에도 구체적으로 설명하지 않아서 대충 조사한 것 같다고 느꼈어요. 이처럼 성실하지 못하다는 인상을 주는 것은 결국 자기 손해랍니다.

B의 설명에는 구체적인 데이터가 들어 있어서 이해하기 수월했어요. 설명만 들어도 제대로 조사했다는 게 느껴졌고 성실하다는 인상을 받았어요.

생각해 보자

- 조사할 때 데이터 숫자까지 찾아보나요?
- 친구가 '시험 점수 높아'라고 이야기하면 구체적으로 몇 점인지 궁금하지 않나요?

출처: 일본 경시청 홈페이지

7

'근거'와 '증거'가 없으면 설득력이 떨어진다

★ 근거나 증거가 없는 발언을 있는 그대로 받아들일 수 있을까?

채소를 싫어하는 사람이 채소를 안 먹어도 건강하다고 생각하더라도 다른 사람에게 균형 잡힌 식사를 해야 한다는 말을 들으면 내심 수긍할 거예요. 5대 영양소인 단백질, 탄수화물, 지방, 비타민, 미네랄을 골고루 섭취해야 건강하다는 사실이 과학적인 '근거, 증거'로 증명되었기 때문이랍니다.

어떤 학교에는 '무늬 없는 우산만 사용 가능', '겨울철에도 코트 착용 금지'와 같은 이상한 교칙이 있다고 해요. 이런 교칙을 이해하지 못하는 사람이 많은 이유는 그렇게 해야 할 마땅한 근거가 없기 때문이에요. 수긍할 만한 이유가 있다면 괜찮겠지만 선생님도 제대로 설명하지 못하는 경우가 있어요. 아무리 규칙이어도 근거가 확실하지 않다면 그대로 따르기 어렵지요.

여러분이 조사한 내용을 발표할 때는 이상한 교칙을 제대로 설명하지 못하는 선생님처럼 되지 않기로 해요. 다른 사람을 설득할 때는 증거가 필요해요. 설득력이 뒷받침되려면 근거나 증거를 찾을 때까지 조사를 계속해야 한답니다. 그렇지 않으면 이야기에 설득력이 생기지 않을뿐더러 나 자신도 내가 조사한 내용에 자신감을 잃고 만답니다.

수긍할 만한 '교칙'과 그렇지 않은 교칙을 나눠 봐요

근거가 있는 교칙

- 수업 중 스마트폰 사용 금지!
- 복도 달리기 금지!
- 수업 중 고성 및 괴성 금지!

수업 중에 스마트폰을 사용하면 공부에 집중할 수 없고, 고성을 지르면 주변에 민폐야. 복도에서 뛰면 위험하지. 모두 당연히 지켜야 할 교칙이야!

근거가 모호한 교칙

- 샤프 사용 금지!
- 복사뼈까지 오는 신발 착용 금지!
- 겨울철에도 방한복 착용 금지!

이 교칙을 지켜야 하는 이유를 모르겠습니다!

이런 교칙을 만든 근거를 알려 주세요.

규칙은 당연히 지켜야 해요. 군말 말고 지키세요!

근거가 있든 말든 무슨 상관이야! 교칙은 규칙이니까 지켜야 해!

(근거나 증거가 없는 이야기는 수긍할 수 없지만, 근거나 증거가 있으면 수긍이 가지 않나요?)

생각해 보자

- 만약 학교에 도저히 이해할 수 없는 교칙이 있다면 선생님께 근거를 물어보는 건 어떨까요?
- 근거 없는 이야기를 믿을 수 있나요?

제 5 장 조사가 끝났다면 잘 정리해서 전달하기

COLUMN

굉장한 도서관 ⑤ 티안진빈하이 도서관

2017년 11월 중국 티안진 시에 개관한 티안진빈하이(天津濱海) 도서관은 바닥에서 천장까지 계단 모양으로 늘어선 책장이 파도 같은 곡선으로 구성된 독특한 디자인이 특징이에요. 국내외에서 많은 사람이 방문하는 곳이랍니다.

'눈(eye)'이라 불리는 중앙에 자리 잡은 공 모양의 물체에서는 빛이 나와요. 벽에는 눈 모양의 커다란 타원형 창문이 있는데, 도서관 밖에서 보면 이 창문은 '눈 전체', 공 모양의 물체는 '눈동자'처럼 보인답니다.

부지 면적은 총 3만 3,700제곱미터로 다양한 장르의 서적이 보관되어 있는데 120만 권까지 소장할 수 있어요. 연중무휴(관람시간 10~21시, 월요일만 14~21시)이며 강연회 및 전시회, 워크숍 등이 정기적으로 개최되어요. 무료로 이용할 수 있답니다.

독특한 디자인이 특징인 도서관. 공 모양의 물체가 눈동자처럼 보이는 디자인이 흥미롭다.

Foreverhappy / Shutterstock.com

제 6 장

비효율적이라고

생각한 것이

효율적일 수도 있어!

귀찮아도
찾아보는 게 빨라!

★ 찾아보는 것을 미루지 말자!

아무리 조사해도 이해가 안 되면 점점 짜증도 나고 귀찮아져요. 그럴 때 '이제 안 찾아!'라며 그냥 포기하면 될까요? 당연히 포기하지 않는다고 대답은 하지만 실제로는 유튜브 보느라, 귀찮아서 등등 이런저런 핑계를 대며 미루고 있진 않나요?

그런데 조사하기 귀찮다고 나중으로 미루면 어떻게 될까요? 내가 필요해서 알아보려고 했던 내용을 모르고 지나가게 될 뿐이지요.

조사할 시간에 게임을 하면 잠깐은 즐거울지 몰라요. 하지만 시간이 지날수록 생선 가시가 목에 걸린 것처럼 머릿속 한쪽 구석에서 찜찜한 기운이 맴돌 거예요. 그뿐만 아니라 왜 조사를 안 해왔냐며 선생님께 혼도 나고, 뭘 조사하려고 했는지조차 잊어버리는 등 성가신 일만 생긴답니다. 미루더라도 머지않아 또 같은 부분이 막혀서 결국은 조사하게 되지 않을까요? 아무리 시간이 걸리더라도 처음부터 조사해서 답을 찾는 편이 덜 귀찮은 길이예요. 마땅한 이유도 없이 미루다 보면 결국 더 귀찮은 상황에 놓이게 될 뿐이랍니다.

조사하기 귀찮다고 나중으로 미루면 어떻게 될까요?

귀찮더라도 바로 찾아보면 좋은 점이 많아요.

조사할 게 있을 때
덮어 두고 스마트폰으로
게임을 하며 논다 vs. 바로 찾아본다

- 미뤘다가 후회한 적 없나요?
- 미루고 미루다 결국 끝까지 방치한 적 없나요?

암기력을 떨어지게 하는 '구글 효과'

★ 과한 디지털 기기 사용은 위험해!

궁금하거나 찾아보고 싶은 게 있을 때 검색만 하면 뭐든 쉽게 알 수 있다고 생각하지 않나요? 그런데 이렇게 검색을 통해 알게 된 정보는 금방 잊어버린다는 사실이 보고되었어요. 이런 현상을 '구글 효과(디지털 건망증)'라고 부른답니다.

예를 들어 오후 3시에 강남역에 갈 때 타고 갈 지하철 시간은 인터넷으로 검색하면 금방 알 수 있지요. 시간에 맞춰 지하철을 타면 '몇 시 몇 분 출발'이었는지 잊어도 전혀 문제가 되지 않아요. 하지만 '구구단'처럼 오래 기억해야 할 것들조차 인터넷으로 검색한다면 결국 외울 수 없게 됩니다.

인터넷은 편리하지만 잘 활용하려면 오래 기억해야 할 것과 잊어도 크게 상관없는 것을 나눠야 해요. 구구단은 매번 인터넷으로 검색하기보다 암기하는 편이 훨씬 효율적이에요. 그런데도 내 뇌가 아닌 것에 너무 의존하면 결국 효율성이 떨어진답니다.

또 스마트폰과 같은 디지털 기기를 과하게 사용하면 뇌 기능이 떨어지는 '디지털 치매'(오른쪽 페이지 참조)에 걸릴 수 있어요. 스마트폰이나 태블릿을 과하게 사용하지 않도록 주의하도록 해요.

'구글 효과'와 '디지털 치매'란?

[구글 효과]

[뜻] 구글에서 검색만 하면 쉽게 얻을 수 있는 정보는 금방 잊어버리기 쉽다는 뜻이에요. '디지털 건망증'이라는 표현도 있어요.

[디지털 치매]

[뜻] 스마트폰을 장시간 과하게 사용하면 수많은 정보가 머릿속에 들어가 피곤해지면서 집중력과 기억력 저하, 언어 장애 등 치매와 비슷한 증상이 나타나는 것을 말해요.

'구글 효과', '디지털 치매' 대책

1. 스마트폰은 시간을 정해놓고 사용한다.
2. 조사한 내용은 따로 메모해 둔다.
3. 조사할 때는 책이나 사전을 적극적으로 활용한다.

장시간 스마트폰을 사용하는 어린이는 학습 시간은 같더라도 단시간만 스마트폰을 사용하는 어린이에 비해 성적이 나쁘다는 보고가 있어요. 스마트폰은 적당히 사용해야 해요.

제6장 비효율적이라고 생각한 것이 효율적일 수도 있어!

생각해 보자

- 항상 스마트폰이나 태블릿만 보고 있진 않나요?
- 조사할 때 디지털 기기 말고 다른 것도 활용하나요?

사전이나 신문을 보면 지식이 늘까?

★ 아날로그 매체가 가진 의외의 장점

'해후'라고 하는 익숙지 않은 단어를 보고 뜻이 궁금해져서 인터넷을 찾아보면 바로 답을 알 수 있어요. 사전으로 찾으면 번거롭긴 하지만 '해후'뿐 아니라 '상봉', '재회' 같은 유의어까지 자연스레 접하게 된답니다. 곤충도감에서 '사슴벌레'를 찾으면 분명 다른 투구뿔 곤충도 눈에 들어와 새로운 지식을 얻을 수 있어요. 신문을 보면 다양한 기사 제목이 눈에 들어올 거예요. 인터넷에서 봤다면 절대 클릭하지 않을 법한 내용의 기사도 기왕 눈에 들어와서 읽는 경우도 많아요. 서점에 책을 사러 갔다가 옆에 놓인 책을 보고 관심이 가거나, 입구에 쌓인 책을 보고 요즘 유행하는 책을 알게 되기도 하지요.

이렇게 나의 필요성과 상관없는 것까지 자연스레 접할 수 있다는 점이 사전이나 도감, 신문, 서점과 같은 아날로그 매체의 장점이랍니다. 단번에 결과를 알려 주는 인터넷의 속도에는 따라갈 수 없지만, 흥미나 지식의 폭을 넓힐 기회를 제공해 주는 게 큰 장점으로 작용해요. 번거롭긴 하지만 인터넷에만 의존하는 사람과 지식의 양에서 점점 차이가 벌어질 거예요.

조사할 때 인터넷에만 의존하지 않도록 해요!

편하다고 인터넷만 사용하지 말고 신문이나 사전, 도감도 함께 사용해 보아요. 인터넷에서는 찾을 수 없는 즐거움이 분명 있을 거예요. 딱히 볼일이 없을 때도 서점에 가는 걸 추천해요. 읽고 싶은 책을 발견하면 관심의 폭도 넓어질 거예요.

우연한 발견을 계기로 관심이 생길 수 있어요!

제 6 장 비효율적이라고 생각한 것이 효율적일 수도 있어!

- 인터넷에서 관심 없는 기사를 클릭할 때가 있나요?
- 가끔 서점에 가나요? 최근 언제 다녀왔나요?

Ned Snowman / Shutterstock.com

어른들이 책을 읽으라는 데는 다 이유가 있다

★ 책을 읽는 사람이 성적이 더 좋다고?

선생님이나 부모님께서 책을 읽으라고 하시는 말씀은 다들 들어봤을 거예요. 책을 읽는 어린이일수록 성적이 더 좋다고 하는데 과연 사실일까요? 책보다 유튜브가 훨씬 재밌다는 사람도 적지 않을 거예요. 그런데 어른들이 책을 읽으라는 데는 다 이유가 있답니다.

일본에서 전국 20대 이상 500명을 대상으로 '어렸을 때 독서 습관'에 관한 설문조사를 했더니, 국어 성적이 '매우 좋았다'라고 응답한 사람의 약 90%가 정기적으로 책을 읽었다고 해요. '독서량과 성적은 상관관계가 있다고 생각하는가?'라는 질문에서도 83.8퍼센트가 '있다'라고 응답했어요. 또 79.0퍼센트가 '독서 덕에 미래의 꿈과 시야가 넓어졌다'라고 답했어요. 독서가 인생에 좋은 영향을 줬다고 느낀 것 같아요.

책을 읽으면 새로운 단어도 알 수 있고 문장력이 향상되는 등 국어 능력도 좋아진답니다. 지금껏 몰랐던 지식도 많이 알게 되고 다른 사람의 인생을 간접적으로 체험할 수 있어 새로운 관점을 얻기도 해요. 국어 능력이 좋아지면 5장에서 다룬 다른 사람에게 설명하거나 가르쳐 주는 능력도 더 좋아진답니다. 독서를 귀찮다고 생각하지 말고 어른들의 말을 믿어 보면 어떨까요?

어른들은 독서를 어떻게 생각할까요?

● 중학생 시절의 국어 성적

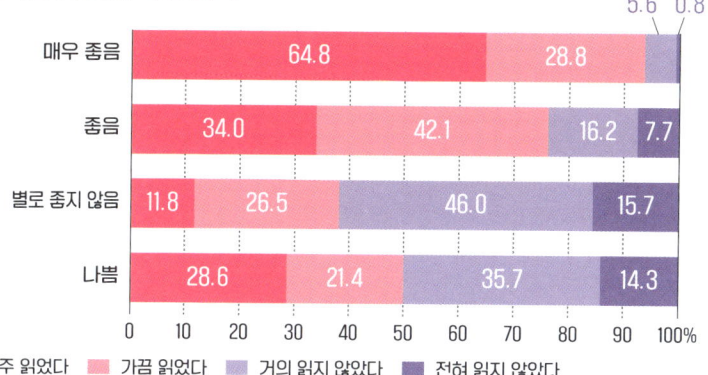

■ 자주 읽었다 ■ 가끔 읽었다 ■ 거의 읽지 않았다 ■ 전혀 읽지 않았다

● 독서 덕에 미래의 꿈이나 시야가 넓어졌다고 생각하는가?

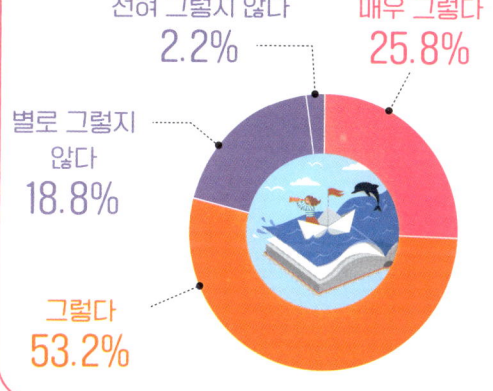

전혀 그렇지 않다 2.2%
매우 그렇다 25.8%
별로 그렇지 않다 18.8%
그렇다 53.2%

> 독서가 중요한 건 알겠는데 게임이나 유튜브가 더 재밌는 걸 어떡해. 그래도 독서를 해야겠다는 생각이 들기 시작했어.

제6장 비효율적이라고 생각한 것이 효율적일 수도 있어!

 생각해보자

- 요즘에 책 읽은 적 있나요? 어떤 책을 읽었나요?
- 어른에게 독서하라는 이야기를 들은 적 있나요? 그때 무슨 생각이 들었나요?

출처: 테라코야 플러스 by Ameba '어린 시절의 독서 습관'

인터넷이 아무리 편해도 기존 매체도 소중히 여기자!

★ 인터넷도 쓰고 기존 매체도 쓰자!

앞서 2장에서는 인터넷만으로 조사할 때의 문제점을 알아봤어요. 그런데 인터넷은 손쉽게 다양한 정보를 찾아볼 수 있고 유튜브 같은 영상 매체는 내용도 재밌지만 언제든지 볼 수 있다는 장점도 있답니다. 앞으로 ChatGPT와 같은 AI가 더 발전하면 인터넷이 점점 더 편리해질 거예요. 그렇게 되면 지금보다 더 인터넷 의존도가 높아질 수도 있어요.

하지만 아무리 인터넷이 편리해져도 자료를 조사할 때 책이나 TV 같은 기존 매체의 중요성은 줄지 않을 거예요. 내용을 깊게 파고들려면 책 같은 기존 매체가 더 적절하고, 전문가들의 의견은 정보의 깊이나 정확도, 이해도 측면에서 인터넷에는 없는 장점을 갖고 있기 때문이랍니다. 또 책이나 신문, 잡지를 읽거나 TV를 보고 라디오를 듣다 보면 생각지도 못한 관련 정보나 흥미로운 기사를 접할 수도 있지요.

인터넷이 더 효율적일 것 같지만 인터넷과 기존 매체에는 각각의 장단점이 있어요. 서로의 장단점을 보완하기 위해서라도 인터넷에만 의존하지 말고 양쪽 모두 적재적소에 활용한다면 조만간 '조사 천재'가 될지도 모른답니다.

인터넷과 기존 매체의 장단점

인터넷

장점
- 정보량이 많다
- 정보 업데이트가 빠르다
- 검색하면 정보가 바로 나온다
- 돈이 거의 들지 않는다

단점
- 정보의 신뢰성이 낮다
- 정보가 정리되어 있지 않다
- 정보량이 너무 많다
- 인터넷이 연결되어 있지 않으면 사용할 수 없다
- 정보가 한쪽으로 치우칠 수 있다

기존 매체 (책, 신문, TV, 라디오 등)

장점
- 정보의 신뢰성이 높다
- 정보를 이해하기 쉽다
- 정보가 잘 정리되어 있다
- 필요한 정보를 제공해 준다
- 인터넷이 연결되어 있지 않아도 사용할 수 있다

단점
- 정보량이 제한적이다
- 정보 업데이트가 느리다
- 검색이 불가능하다
- 돈이 드는 경우가 많다

인터넷의 단점은 기존 매체로 보완 가능!
기존 매체의 단점은 인터넷으로 보완 가능!

인터넷에서는 내가 보고 싶은 정보만 골라서 보게 됩니다. 기존 매체를 사용한다면 지금과 다른 방식으로 정보를 접하면서 시야가 넓어지고, 조사할 때도 크게 도움이 될 거예요.

제 6 장 비효율적이라고 생각한 것이 효율적일 수도 있어!

- 인터넷으로 검색하다가 정보가 너무 많아서 뭐가 진짜인지 뭐가 가짜인지 혼란스러웠던 적은 없나요?
- 모르는 내용을 조사할 때 책을 읽은 적 있나요?

효율성 중시가
오히려 효율을 떨어뜨린다?

★ 시간 대비 효과만 중시하면 역효과가 나타날 수 있어!

시간 대비 효과라는 말이 생기면서 들인 시간 대비 최대한의 효과를 추구하는 풍조가 거세지고 있어요. 동영상을 빠르게 재생해서 보거나 청소 시간을 절약하기 위해 로봇청소기를 사는 것은 시간 대비 효과를 중시하는 전형적인 예라고 볼 수 있어요. 시간 효율을 높이는 건 나쁘지 않지만 자료를 조사할 때 시간 대비 효과를 너무 중시한 나머지 서두르다 보면 반대로 비효율적인 결과를 초래할 수 있답니다.

예를 들어 검색어를 잘못 고르면 검색 결과가 생각과 다르게 나오고 오히려 시간을 낭비하게 되지요. 신뢰도 낮은 웹사이트에서 얻은 잘못된 정보를 믿는다면 올바른 정보를 다시 찾기 위해서 시간을 허비해야 합니다.

시간 대비 효과를 너무 따지는 사람은 조사한 내용을 단시간 내에 읽으려다가 잘못 읽거나 필요한 정보를 누락할 때가 많아요. 그러면 본전까지 다 잃게 됩니다. 모르는 분야를 조사할 때는 인터넷보다는 체계적으로 이해할 수 있는 책을 한 권 읽는 편이 결과적으로 시간을 단축하는 경우도 많답니다. 충분히 시간을 들여야 할 때는 시간을 들이는 노력을 해 보아요.

조사할 때 시간 대비 효율을 너무 중시하면 어떻게 될까요?

❶ 정보의 정확도 저하
시간 대비 효율을 중시한 나머지 필요 이상으로 급하게 조사한 결과, 정보의 신뢰성과 정확성을 제대로 확인하지 않아서 정확도 낮은 정보를 사용하게 될 가능성이 높아집니다. 정보의 신뢰성과 정확성을 확인할 때는 충분한 시간과 노력을 들여야 합니다.

❷ 이해도 저하
효율만 중시하는 사람은 표면적인 정보 파악에만 그치는 경향이 있습니다. 최대한 시간을 줄이려 하기 때문이지요. 그 결과 큰 그림을 이해하지 못할 가능성이 있습니다.

❸ 정보가 한쪽으로 치우칠 수 있다(정보의 편향화)
더 짧은 시간 안에 정보를 모으고 싶은 나머지 이미 알고 있는 정보 제공원에만 의존해 조사하려는 경향이 강해집니다. 그 결과 새로운 관점이나 최신 정보를 놓칠 가능성이 있습니다.

❹ 깊게 파고들려 하지 않는다
효율만 중시하면 깊이 탐구하는 시간도 줄이려고 합니다. 정보의 배후에 있는 진의를 파악하거나 관련 정보를 이해하려면 충분한 시간과 집중력이 필요합니다.

나는 팍팍 조사하고 끝내!
효율이 중요하니까!

효율적으로 조사해야 하는 건 맞지만 서두르면 돌아가야 할 때도 많단다.

그럼 뭐해. 매번 선생님이 다시 해오라고 해서 결국 시간만 더 걸리잖아.

제6장 비효율적이라고 생각한 것이 효율적일 수도 있어!

- 효율만 중시했다가 다시 조사해야 해서 시간이 더 걸린 경험은 없나요?
- '편함'과 '효율'의 차이는 무엇일까요?

COLUMN

굉장한 도서관 ⑥ 바스콘셀로스 도서관

2006년 멕시코의 수도 멕시코시티에 개관한 바스콘셀로스 도서관(이용료 무료)은 엄청난 양의 책장이 공중에 떠 있는 듯한 근미래적인 디자인이 특징으로 '너무 아름다운 도서관' 또는 '공중 도서관'으로 불려요. 아름다운 덕에 관광 명소로 자리 잡았고 멕시코 국내는 물론 전 세계에서 관광객들이 몰려드는 인기 스폿이 되었답니다.

약 60만 권의 장서 중에는 만화도 포함되어 있으며, 광대한 관내에는 학습 공간과 독서 공간, 전시 공간 등이 마련되어 있어요. 또 거대한 고래 뼈로 만든 예술 작품도 전시되어 있답니다.

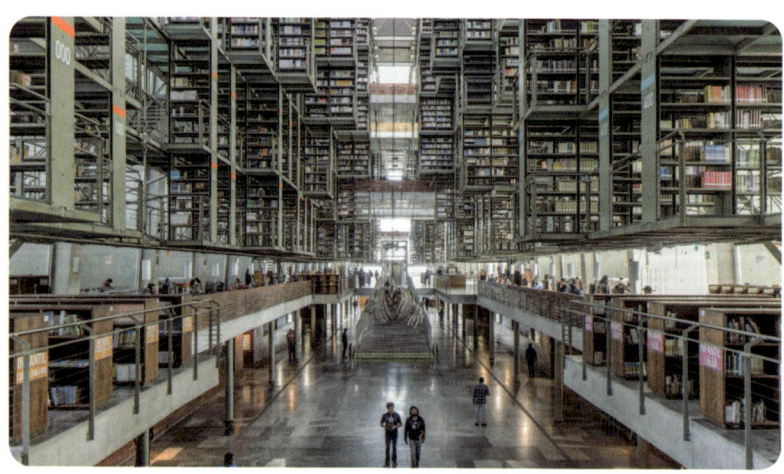

책장이 공중에 떠 있는 듯한 구성의 도서관 실내는 인스타 인증 샷 명소로도 인기가 높다.

BondRocketImages / shutterstock.com

제 7 장

조사를 잘하면

공부할 때, 일할 때

강력한 무기가 돼!

조사하는 건 중요하지만 꽤 힘들어!

★ 포기하지 말고 즐거운 마음으로 조사하자!

이제 다들 자료 조사하는 일이 얼마나 중요한지 이해했을 거예요. 이번에는 '지정학'이라는 말의 뜻을 검색해 볼까요? 바로 다양한 설명이 나올 거예요. 하지만 그 설명을 읽을 수는 있어도 뜻을 이해하는 건 결코 쉬운 일이 아니지요. 그렇다면 이해를 못 했는데 과연 조사했다고 말할 수 있을까요? 거기서 포기하면 그걸로 끝이랍니다. 하지만 책을 읽거나 잘 아는 사람에게 물어보면 뜻을 이해할 수 있어요.

예를 들어 '전국에 존재하는 기와집의 수'를 조사하고 싶어도 통계가 없는 것이 확실하다면 바로 포기할 수 있는데, 통계가 있는지 없는지도 확실하지 않은 경우가 있어요. 어쩌면 정말 없을 수도 있고 열심히 찾아보면 어딘가에 있을 수도 있어요. 이렇게 불확실한 상황에서 조사하기란 매우 어렵지요.

앞으로 까다로운 내용을 조사해야 할 때가 점점 많아질 거예요. 인터넷에서 검색해도 바로 결과가 나오지 않아 짜증이 나거나 의욕을 잃게 될 수도 있답니다. 이렇게 조사할 때는 힘든 일도 많아요. 포기는 쉽지만 열심히 조사한 사람만 발견할 수 있는 답이 있지 않을까요? 조사를 멈추지 않는다면 반드시 밝은 길이 열릴 거예요.

찾는 답이 금방 안 나온다고 쉽게 포기하지는 않나요?

조사해도 잘 모를 때는 쉽게 포기하지 말고 주변 사람들의 도움을 받거나 새로운 책을 읽어보는 등 지금까지 해온 방식과 다른 방식으로 노력하다 보면 돌파구가 보일 거예요.

**조사하다 보면 답이 바로 나오지 않아 힘들 때도 있어요!
하지만 쉽게 포기하지 않도록 노력해 보아요!**

제 7 장 조사를 잘하면 공부할 때, 일할 때 강력한 무기가 돼!

생각해보자

- 조사하다가 쉽게 포기하지는 않나요?
- 원하는 답이 금방 나오지 않는다고 짜증 내지는 않나요?
- 포기하지 않고 끝까지 조사하길 잘했던 경험이 있나요?

최종적으로 '내' 생각이 중요할 때도 있어!

★ 내 나름의 정답을 만들어 보자!

'가장 맛있는 카레 가게는 어디일까?' 인터넷에서 찾아보니 순위가 여러 개 나오네요. 하지만 어디가 가장 맛있는 곳인지 확실하지 않아요. 입맛은 사람마다 다르니까 아무리 다들 맛있다고 칭찬해도 나에게는 맛있지 않을 수 있어요.

'2022년도 일본의 범죄 건수'도 제대로 조사한 사람이라면 일본 경시청이 발표한 '60만 1,389건'이라고 답할 수 있지요. 누구도 '잘못된 숫자야!'라고 반박할 수 없어요. 일본 경시청에서 발표한 객관적인 증거가 있기 때문이랍니다.

카레의 맛은 범죄 건수처럼 숫자로 나타낼 수 없어요. 그래서 모두가 수긍할 수 있는 답은 찾을 수 없답니다. 여러분이 생각하는 가장 맛있는 카레가 가장 맛있는 카레랍니다. 다른 사람이 어떻게 생각하든 여러분의 의견이 근거이자 정답이에요. 아무도 부정할 수 없는 사실입니다.

오른쪽 페이지의 예시처럼 아무리 조사해도 답이 나오지 않는 경우도 많아요. 내가 정답을 만들 수밖에 없을 때는 내 의견을 명확히 해야 한다는 사실을 잊지 말도록 해요.

조사해도 답이 나오지 않을 때는 어떤 때일까?

해결되지 않은 과학 문제

과학은 발전을 거듭하고 있지만 아직 해명되지 않은 문제도 많습니다.
[예] ● 우주에 존재하는 '암흑물질(dark matter)'은 무엇일까? / ● 쓰치노코(일본에 서식한다고 알려진 미확인 생물-옮긴이)는 정말 존재할까?

미래에 일어날 일

[예] ● 8년 뒤 4월 1일 날씨는 맑을까, 흐릴까? ● 10년 뒤에도 BTS는 해체하지 않고 활동하고 있을까?

윤리적(도덕적) 문제

[예] ● 고래 고기에 분노하는 이유는 무엇일까? ● 부자는 가난한 사람에게 기부하지 않아도 괜찮은 걸까?

개인적인 경험과 감정에 관한 문제

[예] ● 전 세계에서 가장 아름다운 사람은 누구일까? ● 사람은 언제 가장 기쁠까?

개인정보 및 기밀정보

[예] ● 이 연예인의 집은 어디고 전화번호는 무엇일까? ● 우리나라를 위해 활동하는 스파이가 있을까?

아무리 조사해도 답이 나오지 않을 때가 있답니다. 이때 스스로 생각해서 스스로 답을 찾아야 할 때도 있어요.

제7장 조사를 잘하면 공부할 때, 일할 때 강력한 무기가 돼!

생각해 보자

- 인터넷으로 찾으면 다 알 수 있다고 생각하지는 않나요?
- 스스로 결정할 수 있는 일을 다른 사람의 생각에 의지해서 결정해도 괜찮은 걸까요?

3

조사만 한다고 끝이 아니야! 행동해야 해!

★ 실패를 두려워하지 말고 행동으로 옮기자!

조사하는 일은 지식의 기반을 쌓는 중요한 첫걸음이지만 86페이지에서 설명한 바와 같이 조사한다고 그걸로 끝은 아니랍니다. 진정한 내 것으로 만들기 위한 '행동'은 조사하는 것과 비슷하게, 또는 그 이상으로 중요해요.

　예를 들어 운동을 시작할 때 규칙이나 기술을 조사했다고 해서 바로 경기를 잘할 수 있는 건 아니랍니다. 실제로 공을 차거나 던지는 행동이 필요한 것이지요. 처음에는 어려워도 연습을 거듭하다 보면 조금씩 실력이 는답니다. 행동으로 옮겨야 비로소 조사한 내용이 여러분에게 진짜 힘이 되어 줄 거예요. 마찬가지로 학교 공부도 조사하다 보면 지식을 얻을 수 있어요. 하지만 덧셈을 할 수 있어도 평상시 거스름돈을 계산할 때 사용하지 않으면 의미가 없답니다.

　다른 사람에게 설명하거나 발표하는 것처럼 행동으로 옮기면 분명 실패할 때도 있을 거예요. 하지만 실패야말로 배울 수 있는 기회랍니다. 다음번에 성공하기 위한 '방법'을 조사하고 생각하게 되기 때문이지요. 잘되면 자신감도 생기고 더 잘하기 위해 추가 조사가 필요한 부분도 알게 될 거예요. 행동으로 옮기면 좋은 일이 가득 생긴답니다.

　이처럼 조사한 내용을 지식으로 활용하면서 확실한 내 것으로 만들 수 있어요.

생각해 보자

- 조사만 하는 것과 조사한 내용을 활용하는 것 중 어느 쪽이 바람직할까요?
- 실패한 경험을 살려 다음번에 성공한 적 있나요?

4

조사하는 능력은
나중에 반드시 도움이 될 거야!

★ '조사하는 능력'은 꼭 우리를 도와줄 거야!

조사를 잘하는 사람은 앞으로 살아가면서 그 능력에 도움받을 일이 많이 생길 거예요.

공부할 때 자료 조사 능력이 얼마나 중요한지 이제 다들 알았지요. 나중에 어른이 되어 어떤 직업을 갖더라도 자료 조사 능력이 필요할 것이고, 살면서도 유리하게 작용할 거예요. 여행 가서 맛있는 음식을 먹거나 감동할 만한 장소를 방문하거나, 평가가 좋은 숙소를 잡으려면 미리 조사해야 해요. 건강에 관심이 많은 사람이라면 건강에 좋지 않은 정보를 조사해서 대비할 수 있어요. 쇼핑할 때도 많이 찾아보는 사람이 더 저렴한 가격에 더 질 좋은 제품을 살 수 있답니다.

무엇보다도 조사를 잘하는 사람은 자신의 호기심이나 흥미, 관심 분야를 점점 넓혀 갈 수 있어요. 조사하면 할수록 '더 조사하고 싶어지는' 선순환이 생기고 더욱 성장할 수 있어요.

여러분이 지닌 조사 능력은 공부나 업무뿐만 아니라 일상, 자기 성장과 같은 다양한 측면에서 유리하게 작용할 거예요. 조사에 만족하지 말고 '행동력', '표현력' 등과 함께 어우러져야 자료 조사 능력의 진가가 발휘된다는 사실을 명심하기 바랍니다.

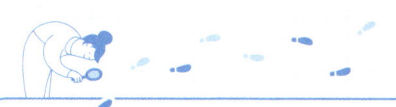

어른이 되어도 '조사'는 끝나지 않아요!

어린이는 물론 어른이 되어도 업무나 일상에서 조사할 일은 아주 많아요. '자료 조사 능력'은 여러분에게 어려움이 닥쳤을 때 극복하기 위한 크나큰 무기가 되어 줄 거예요.

**공부하는 힘은 물론이고,
나중에 일을 하게 되었을 때에도
'조사하는 힘'은 반드시 필요하답니다!**

생각해보자

- 가족에게 "집안일이라도 조사하는 능력은 대단한 거야?" 라고 물어보세요.
- '조사하는 능력'이 예전보다 더 중요해진 것 같지 않나요?

유용한 사이트 ①

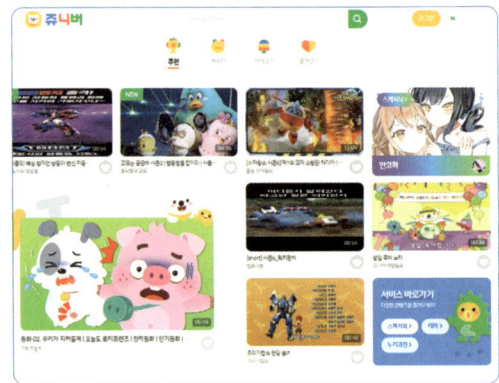

쥬니버
https://jr.naver.com

1999년 6월에 만들어진 우리나라 최초의 어린이 포털 사이트. 유아와 어린이를 위한 다양한 동요와 동화, TV 동영상, 키즈 엔터테인먼트 동영상, 놀이학습, 플레이존 등을 제공하고 있습니다. 찾고 싶은 주제를 좋아하는 캐릭터로 검색할 수 있도록 준비되어 있답니다.

에듀넷·티-클리어
https://www.edunet.net

1996년 9월 11일 교육부가 개설한 교육정보 종합서비스 시스템으로 현재 교육과학기술부 산하 한국교육학술정보원이 운영하고 있습니다. 디지털교과서 등의 교과학습 자료와 수업 연구자료 등을 제공하고 있습니다.

어린이·청소년 저작권교실
https://www.copyright.or.kr/education/educlass/main.do

한국저작권위원회가 어린이와 청소년들을 위해 개설한 저작권 안내 사이트. 올바른 저작물 이용법과 저작권을 보호해야 하는 이유, 침해 사례 등의 저작권 상식을 만화나 애니메이션을 통해 쉽게 배울 수 있게 제공하고 있습니다.

유용한 사이트 ②

어린이 정부 포털
https://kids.gov.kr

어린이 정부 포털에서는 정부가 하는 일이 무엇이고, 어린이들이 이용할 수 있는 공공서비스가 무엇인지 간단한 미니 게임과 퀴즈 등 다양한 즐길 거리를 통해 알려드려요!

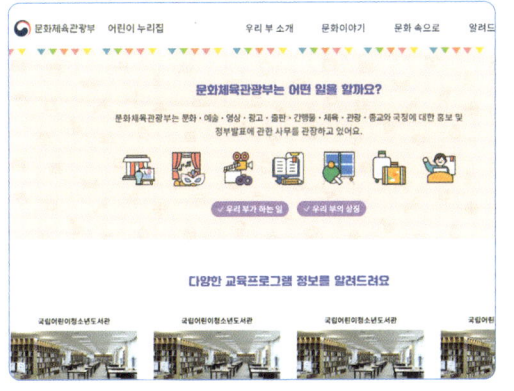

문화체육관광부 어린이 누리집
https://www.mcst.go.kr/usr/child

문화체육관광부에서 운영하는 사이트. 한국의 세계유산과 전통문화 이야기, 전통놀이 등에 대해 알 수 있습니다. 어떤 직업을 가질지 고민하는 어린이들에게 다양한 사람들이 자기 직업을 소개해 주는 동영상 콘텐츠도 있어요.

기획재정부 어린이 경제교실
https://kids.moef.go.kr/

어린이를 위한 기획재정부 사이트. 우리에게 꼭 필요한 경제지식 정보를 알기 쉽게 배울 수 있도록 정리해 놓았어요. 세계적인 경제학자와 경제의 핵심 개념에 대해서도 재미있게 소개해요. 동영상으로 경제 공부를 배울 수 있는 콘텐츠도 있답니다!

참고 자료

- 『더 디베이트』(지쿠마신쇼)
  모테기 히데아키 저
- 『논리적으로 생각하는 습관』(북스토리지)
  바운드 저/ 모테기 히데아키 감수
- 『어린이 통계학』(칸젠)
  바운드 저/ 모테기 히데아키 감수
- 『머리 좋은 사람의 '조사하는 방법' 궁극의 비결』(가쿠켄플러스)
  사이토 다카시 저
- 『조사하는 기술: 국회도서관 비전 레퍼런스 팁』(고세이샤)
  고바야시 마사키 저
- 『재밌는 조사하기』(이와사키쇼텐)
  이와사키쇼텐 편집부 편저/ 공익재단법인 도서관진흥재단 감수

찾아보기

기타
1차 정보	66
2차 정보	66
3차 정보	66
ChatGPT	38, 40
Gemini	40, 41
Microsoft Copilot	40, 41

ㄱ
가짜 뉴스	32
결론	94
구글 효과	104
궁금증	52
근거	98

ㄷ
대화형 AI	38
디스 인포메이션	32
디지털 건망증	104
디지털 치매	104
딥페이크	36

ㄹ
러닝 피라미드	86

ㅁ
멀 인포메이션	32
미스 인포메이션	32

ㅂ
본론	94

ㅅ
서론	94
시간 대비 효과	112

ㅇ
인바운드	64

ㅈ
진위 확인	68
증거	98

ㅊ
출처	66

ㅍ
페이크	20
포털 사이트	26
푸시(push) 방식 매체	28
풀(pull) 방식 매체	28
프랜시스 베이컨	62
필터 버블	34

KODOMO SHIRABEKATA KYOSHITSU
Copyright ⓒ 2023 bound inc.
All rights reserved.
No part of this book may be used or reproduced in any manner
whatsoever without written permission except in the case of brief quotations
embodied in critical articles and reviews.
Originally published in Japan in 2023 by KANZEN CORP.
Korean Translation Copyright ⓒ 2023 by BOMNAMU PUBLISHERS, AN IMPRINT OF
HANSMEDIA INC
Korean edition is published by arrangement with KANZEN CORP.
through BC Agency.

● 이 책의 한국어판 저작권은 BC에이전시를 통해저작권자와 독점계약을 맺은 봄나무에 있습니다.
● 저작권법에 의해 한국 내에서 보호를 받는 저작물이므로 무단 전재와 복제를 금합니다.

우리는 자료 조사에 진심

2024년 6월 18일 초판 발행
바운드 지음 ● 모테기 히데아키 감수 ● 심지애 옮김

펴낸이 김기옥 ● 펴낸곳 봄나무 ● 아동 본부장 박재성
마케팅 서지운 ● 디자인 나은민
제작 김형식 ● 지원 고광현
등록 제313-2004-50호(2004년 2월 25일)
주소 121-839 서울시 마포구 양화로 11길 13(서교동, 강원빌딩 5층)
전화 02-325-6694 ● 팩스 02-707-0198 ● 이메일 info@hansmedia.com

● 봄나무 홈페이지 https://www.hansmedia.com
● 봄나무 인스타그램 https://www.instagram.com/_bomnamu
● 봄나무 블로그 https://blog.naver.com/bomnamu_books

도서주문 한즈미디어(주)
주소 121-839 서울시 마포구 양화로 11길 13(서교동, 강원빌딩 5층)
전화 02-707-0337 ● 팩스 02-707-0198
ISBN 979-11-5613-223-3 73300

● 이 책 내용의 일부 또는 전부를 사용하려면 반드시 저작권자와 봄나무 양측의 동의를 얻어야 합니다.
● 책값은 뒤표지에 나와 있습니다.